앞서가는 주니어를 위한 HSK 2급

임신영·김명훈 지음

다락원

저자의 말

중국어 학습에 대한 사람들의 수요와 관심이 커지며 중국어 학습을 위한 새로운 플랫폼과 다양한 콘텐츠가 빠른 속도로 증가하고 있습니다. 최근 초등학교 방과 후 수업에서도 중국어가 매우 인기 있는 과목으로 자리 잡으며, 중국어 학습자의 연령층 또한 점점 낮아지고 있습니다. 제가 처음 방과 후 중국어 수업을 시작했을 때, 제 목표는 '아이들이 꾸준히 즐겁게 중국어를 배울 수 있도록 흥미를 갖게 해주는 선생님이 되자!'였습니다. 그래서 학생들이 중국어 시험을 위한 공부를 하지 않도록 회화에 중점을 두고 수업을 진행했습니다.

어느 날, 1년 동안 저와 중국어를 공부한 학생이 중국어 능력 시험에 대해 묻기에 HSK에 대해 알려주었습니다. 그 학생이 스스로 HSK 2급에 도전해 자랑스러운 표정으로 제게 합격증을 보여주던 날을 기억합니다. 시험은 즐거운 학습을 방해하고 평가를 위한 것이라 여겼던 제 생각과 달리 스스로 배운 내용을 확인하고 시험을 준비하며 학습 성취도를 높여가는 학생들을 보며, 저도 중국어 수업 방향을 좀 더 다채롭게 변화시키고자 노력했습니다.

본 교재는 그런 노력의 결실로 탄생해 여러분들과 만나게 되었습니다. 단순히 HSK 급수 성적표만을 위한 것이 아니라, 즐거운 학습을 통해 실력을 쌓은 중국어 학습자가 마지막으로 시험을 통해 자신의 노력과 성취를 확인할 수 있는 과정을 돕고자 기획하였습니다. 시중에 HSK 1, 2급 교재는 많지 않고, 주니어 학습자를 위한 교재는 더욱 부족합니다. 본 교재는 자격 시험에 익숙하지 않은 주니어 학습자가 실제 시험에서 본인의 역량을 최대한 발휘할 수 있도록 훈련하는 데 중점을 두어 구성하였습니다.

외국어 학습은 지속적인 반복 학습과 꾸준한 노력이 성패를 가릅니다. 학습자는 자연스러운 회화를 통해 단어를 외우고, 어법을 익히고, 단어와 단어의 조합으로 파생되는 어휘를 늘려가면서 중국어 학습의 깊이와 재미를 느낄 수 있을 것입니다. 여러분 모두 HSK 1, 2급을 넘어 다음 단계로 탄탄하게 도약하여 학습의 즐거움을 놓치지 않는 중국어 학습자가 되길 바랍니다.

임신영, 김명훈

구성과 특징

『앞서가는 주니어를 위한 HSK 2급』은 단어를 중점적으로 학습하는 'HSK 2급 필수 단어', 시험에 나오는 문제 유형을 익히는 'HSK 2급 문제 유형', 실제 시험과 같은 형식의 문제를 풀어 보는 'HSK 2급 실전 모의고사'로 구성되어 있습니다.

HSK 2급 필수 단어

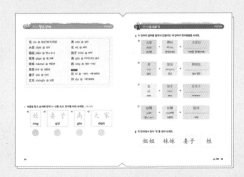

HSK 필수 단어

HSK 2급 필수 단어 300개 중, 2급 단어 150개를 주제별로 외워 보세요! 사진을 보며 단어의 뜻을 추측해 보고, 녹음을 듣고, 한자도 따라 쓴다면 150개 단어는 문제없이 금방 외울 수 있을 거예요!

➕ 『앞서가는 주니어를 위한 HSK 1급』 교재에서 다룬 1급 단어 150개를 복습하고 싶으면, 본 교재 186쪽으로 가세요. 1급과 2급 단어 300개를 한눈에 보기 쉽게 정리했습니다.

단어 다시 보기

단어와 단어가 합쳐져서 새 단어가 되는 놀라운 사실!
새 단어는 무슨 의미인지 함께 알아봐요.

다양하게 사용하기

HSK에 꼭 나오는 중국어 어법을 설명하고, 문장에서 어떻게 쓰이는지 공부해요. 어법을 이해하면 문제 풀이가 훨씬 쉬워져요.

문장 표현 익히기

여러 단어가 모여서 하나의 문장을 만들었어요. 각 단어의 뜻을 생각하며, 어떤 의미를 나타내는 문장인지 함께 알아봐요.

스스로 확인

HSK 2급 필수 단어를 잘 외웠는지 다양한 문제를 통해 확인해 보세요.

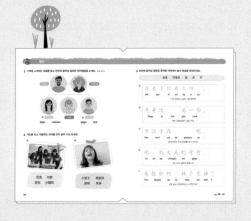

01-01

MP3 파일 다운로드

원어민의 녹음이 담긴 MP3 파일을 다운로드하세요.

쏙쏙! 문제 유형
콕콕! 풀이 꿀팁

HSK 2급에 나오는 8가지 문제 유형을 알아보고, 술술 잘 풀 수 있는 요령을 알려줘요.

OK! 실전 확인

문제 유형을 이해했다면, 이제 직접 풀어볼 차례! 공부한 내용을 바탕으로 HSK 2급 문제를 풀어 보세요.

내가 완성하는 듣기 대본

녹음을 듣고 빈칸을 채워 보세요. 듣기 실력도 쑥쑥! 한자 실력도 쑥쑥!

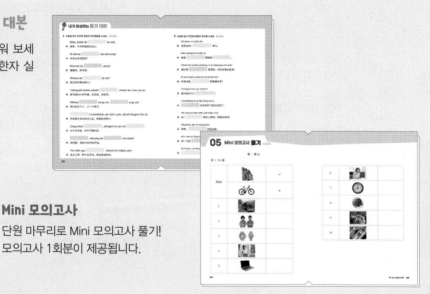

Mini 모의고사

단원 마무리로 Mini 모의고사 풀기! 모의고사 1회분이 제공됩니다.

실제 시험과 같은 형식의 모의고사 2회분을 풀어 보며 시험장에 가기 전 마지막 점검하기!

합격증 다운로드

총점 120점이 넘었다면 다락원 홈페이지 자료실에서 합격증을 다운로드해 보세요.

정답과 해설

문제의 정답과 모의고사 해설, 녹음 대본이 있어요.

HSK는 'Hànyǔ Shuǐpíng Kǎoshì'의 한어병음 이니셜을 딴 국제 한어능력표준화 수평고시로서, 중국어가 제1언어가 아닌 사람이 생활·학습·업무 중에 쓸 수 있는 중국어 능력을 평가하는 데 중점을 두고 있습니다. 1~2급은 듣기·독해 두 영역으로, 3~6급은 듣기·독해·쓰기 세 영역으로 평가하는 시험이며, 1급~6급으로 나뉘어 급수별로 각각 실시됩니다.

1 등급

등급	어휘량	수준
1급	150단어 이상	간단한 중국어 단어와 문장을 이해하고 사용할 수 있으며, 기초적인 일상 회화를 할 수 있다.
2급	300단어 이상 (2급 150개+1급 150개)	중국어로 간단하게 일상생활에서 일어나는 화제에 대해 이야기 할 수 있다.
3급	600단어 이상 (3급 300개+1~2급 300개)	중국어로 일상생활, 학습, 업무 등 각 분야의 상황에서 기본적인 회화를 할 수 있다. 또한 중국 여행 시 겪게 되는 대부분의 상황에 중국어로 대응할 수 있다.
4급	1,200단어 이상 (4급 600개+1~3급 600개)	여러 분야의 화제에 대해 중국어로 토론을 할 수 있다. 또한 비교적 유창하게 중국인과 대화하고 교류할 수 있다.
5급	2,500단어 이상 (5급 1,300개+1~4급 1,200개)	중국어 신문과 잡지를 읽을 수 있고, 중국어 영화 또는 TV 프로그램을 감상할 수 있다. 또한 중국어로 비교적 완전한 연설을 할 수 있다.
6급	5,000단어 이상 (6급 2,500개+1~5급 2,500개)	중국어 정보를 듣거나 읽는 데 있어 쉽게 이해할 수 있으며, 중국어로 구두상 또는 서면상의 형식으로 자신의 견해를 유창하고 적절하게 전달할 수 있다.

2 시험 방식 및 종류

▶ PBT(Paper-Based Test): 기존 방식의 종이 시험지와 OMR답안지로 진행하는 시험

▶ IBT(Internet-Based Test): 컴퓨터로 진행하는 시험

※ PBT와 IBT는 시험 효력 등이 동일하고, HSK 성적은 시험일로부터 2년간 유효합니다.

3 시험 접수

정확한 시험 일정은 HSK 한국사무국 홈페이지(www.hsk.or.kr)에 게시된 일정을 참고하세요. 접수 완료 후에는 '응시 등급, 시험 일자, 시험 장소, 시험 방법(예: HSK PBT→HSK IBT)' 변경이 불가합니다.

인터넷 접수	HSK 한국사무국 홈페이지(www.hsk.or.kr) 또는 HSK시험센터(www.hsk-korea.co.kr) 홈페이지에 접속하여 접수
우편 접수	구비 서류를 준비하여 등기 발송 접수 **구비 서류** 사진을 부착한 응시원서, 별도 사진 1장, 응시비 입금영수증 **보낼 주소** (06336) 서울특별시 강남구 강남우체국 사서함 115호 〈HSK 한국사무국〉
방문 접수	구비 서류를 지참하여 접수처를 방문하여 접수 **구비 서류** 응시원서, 사진 3장, 응시비 **접수처** 서울특별시 강남구 테헤란로5길 18(역삼동 635-15) 〈서울공자아카데미〉 **접수 가능 시간** 평일 오전 9시 30분~12시, 오후 1시~5시 30분 / 토요일 오전 9시 30분~12시

④ 시험 당일 준비물

수험표, 유효 신분증(여권, 청소년증, HSK신분확인서 중 하나), 2B연필, 지우개

⑤ 성적 조회 및 수령 방법

▶ **성적 조회** PBT 성적은 시험일로부터 1개월 후, IBT 성적은 시험일로부터 2주 후, 중국고시센터 홈페이지에서 조회할 수 있습니다.

▶ **성적표 수령** HSK 성적표는 '시험일로부터 45일 이후', 접수 시 선택한 방법(우편 또는 방문)으로 수령 가능합니다.

▶ **성적 유효기간** HSK 성적은 시험일로부터 2년간 유효합니다.

▶ **성적표 예시**

① 응시 대상

HSK 2급은 매주 2~3시간씩 2학기(80~120시간) 정도의 중국어를 학습하고, 300개의 상용 어휘와 관련 어법 지식을 마스터한 학습자를 대상으로 합니다.

② 시험 구성 및 시간 배분

▶ HSK 2급은 듣기, 독해 영역으로 나뉩니다.

▶ 각 영역별 점수는 100점 만점이며, 총점은 200점 만점입니다. 총점이 120점 이상이면 합격입니다.

▶ 총 60문항을 풀며, 총 시험 시간은 약 50분입니다. (응시자 개인 정보 작성 시간 5분 미포함)

▶ HSK 2급의 문제에는 한어병음이 표기되어 있습니다.

▶ 듣기 영역에 대한 답안은 듣기 시험 시간 종료 후 주어지는 시간(3분) 안에 답안지에 마킹해야 합니다. 독해 영역은 별도의 답안지 작성 시간이 주어지지 않으므로, 해당 영역 시간에 바로 답안지에 마킹해야 합니다.

영역		문제 형식	문항 수	시험 시간	점수
듣기 (听力)	제1부분	문장 듣고 사진과 일치하는지 판단하기	10	약 25분	100점
	제2부분	대화 듣고 일치하는 사진 고르기	10		
	제3부분	한 번씩 주고받는 대화 듣고 질문에 답하기	10		
	제4부분	두 번씩 주고받는 대화 듣고 질문에 답하기	5		
듣기 영역 답안 작성 시간				3분	
독해 (阅读)	제1부분	제시된 문장과 관련 있는 사진 고르기	5	약 22분	100점
	제2부분	빈칸에 알맞은 단어 고르기	5		
	제3부분	제시된 문장의 옳고 그름 판단하기	5		
	제4부분	제시된 문장에 어울리는 문장 고르기	10		
총계			60문항	약 50분	200점 만점

듣기(听力) 35 / 독해(阅读) 25

차례

일러두기 품사는 다음과 같은 약어로 표기했습니다.

품사	약자	품사	약자	품사	약자
명사/고유명사	명 / 고유	부사	부	접속사	접
대명사	대	수사	수	감탄사	감
동사	동	양사	양	조사	조
조동사	조동	수량사	수량	의성사	의성
형용사	형	개사	개	성어	성

HSK 2급
필수 단어

HSK 2급에 합격하기 위해 필수로 외워야 할 단어는 300개입니다.

1급 단어 150개, 2급 단어 150개로 이루어져 있습니다.

이번 단원에서는 2급 단어 150개를 중심으로 학습합니다.

2급 단어는 아니지만 2급 시험에 자주 출제되는 단어도 함께 외워 보세요.

★ 자주 출제되는 사진들을 익혀 보세요.

01
가족

哥哥
gēge
형, 오빠

姐姐
jiějie
언니, 누나

弟弟
dìdi
남동생

妹妹
mèimei
여동생

丈夫
zhàngfu
남편

妻子
qīzi
아내

大家
dàjiā
모두

孩子
háizi
아이

您 nín ᴄ 당신 ['你'의 존칭]

大家 dàjiā ᴄ 모두

姐姐 jiějie 몡 언니, 누나

哥哥 gēge 몡 형, 오빠

妹妹 mèimei 몡 여동생

弟弟 dìdi 몡 남동생

妻子 qīzi 몡 아내

丈夫 zhàngfu 몡 남편

男 nán 몡 남자

女 nǚ 몡 여자

孩子 háizi 몡 아이

高 gāo 혱 (키가) 크다, 높다

姓 xìng 동 성이 ~이다

어법단어

比 bǐ ᄁ ~보다, ~에 비하여

对 duì ᄁ ~에 대하여

● 녹음을 듣고 순서에 맞게 A~D를 쓰고, 한자를 따라 쓰세요. ◀ 01-02 ▶

❶ 姓
xìng

❷ 妻 子
qīzi

❸ 高
gāo

❹ 大 家
dàjiā

단어 다시보기

01-03

1 두 단어의 일부를 합쳐서 만들어진 새 단어의 한어병음을 쓰세요.

① 大家　　+　　你好　　→　　大家好
　　dàjiā　　　　nǐ hǎo　　　_____
　　여러분　　　안녕하세요　　여러분, 안녕하세요

② 男　　+　　朋友　　→　　男朋友
　　nán　　　péngyou　　　_____
　　남자　　　친구　　　　남자 친구

③ 女　　+　　孩子　　→　　女孩子
　　nǚ　　　háizi　　　_____
　　여자　　　아이　　　　여자아이

④ 姐姐　　+　　妹妹　　→　　姐妹
　　jiějie　　　mèimei　　　_____
　　언니, 누나　　여동생　　　자매

2 각 단어에서 한자 '女'를 찾아 보세요.

姐姐　　妹妹　　妻子　　姓

1 比 bǐ 　'A는 B보다 ～하다'라는 비교 표현을 나타내고 싶을 때는 '比(bǐ)'를 사용해서 문장을 만들면 됩니다. 'A+比+형용사'의 형식으로 쓰입니다.

Dìdi bǐ gēge gāo.
弟弟比哥哥高。
남동생은 형보다 키가 크다.

Jīntiān bǐ zuótiān rè.
今天比昨天热。
오늘은 어제보다 덥다.

2 对 duì 　'对(duì)'는 '～에게, ～에 대하여'라는 뜻으로, 어떤 대상에 대한 태도나 동작을 말할 때 사용합니다.

Tā duì tā zhàngfu hěn hǎo.
她对她丈夫很好。
그녀는 그녀의 남편에게 잘해 준다.

Māma duì wǒ shuō: "Duō hē diǎnr shuǐ."
妈妈对我说："多喝点儿水。"
엄마는 나에게 말씀하셨다. "물을 많이 마시렴."

• 단어의 뜻을 생각하며, 빈칸을 알맞게 채우세요.

1

Dàjiā hǎo!

大家好! [　　　　　] 안녕하세요!

Lǎoshī, nín hǎo!

老师，您好! 선생님, [　　　　]!

2

Tā shì nǐ mèimei ma?

她是你妹妹吗? 그녀는 당신의 [　　　　] 인가요?

Búshì, tā shì wǒ jiějie.

不是，她是我姐姐。 아니오. 그녀는 내 [　　　　] 예요.

3

Nǐ érzi gāo bu gāo?

你儿子高不高? 당신의 아들은 (키가) [　　　　]?

Wǒ érzi hěn gāo, bǐ tā jiějie gāo.

我儿子很高，比他姐姐高。 제 아들은 (키가) 커요. 누나 [　　　　] 커요.

4

Tā jiào shénme míngzi?

他叫什么名字? 그 사람 [　　　　] 이 뭐야?

Tā xìng Gāo, jiào Míngmíng.

他姓高，叫明明。 그의 [　　　　] 은 까오이고, 이름은 밍밍이라고 해.

1 가족을 소개하는 녹음을 듣고 빈칸에 들어갈 알맞은 한어병음을 쓰세요. 01-05

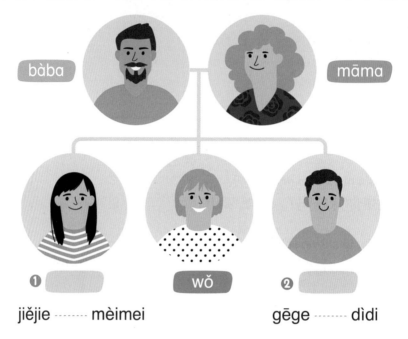

bàba   māma

❶   wǒ   ❷

jiějie ······· mèimei   gēge ······· dìdi

2 사진을 보고, 어울리는 단어를 모두 골라 O표 하세요.

❶

汉语   大家
学生   小朋友

❷

小孩子   男朋友
妹妹   弟弟

3 빈칸에 들어갈 알맞은 한자를 아래에서 골라 문장을 완성하세요.

弟弟   打电话   是   女   岁

❶

我	妻	子	比	我	大	四		。	
Wǒ	qīzi		bǐ	wǒ	dà	sì	suì	.	

나의 아내는 나보다 4살 많아요.

❷

哥	哥	比			高	一	些	。
Gēge		bǐ		dìdi	gāo		yìxiē	.

형은 남동생보다 조금 커요.

❸

男	孩	子	在			呢	。	
Nán	háizi		zài	dǎ	diànhuà		ne	.

남자아이는 지금 전화를 하고 있어요.

❹

他		我	丈	夫	的	哥	哥	。
Tā	shì	wǒ	zhàngfu		de	gēge		.

그는 나의 남편의 형입니다.

❺

看	报	纸	的		孩	子	是	谁	？
Kàn	bàozhǐ		de	nǚ	háizi		shì	shéi	?

신문 보는 여자아이는 누구인가요?

02
숫자·시간

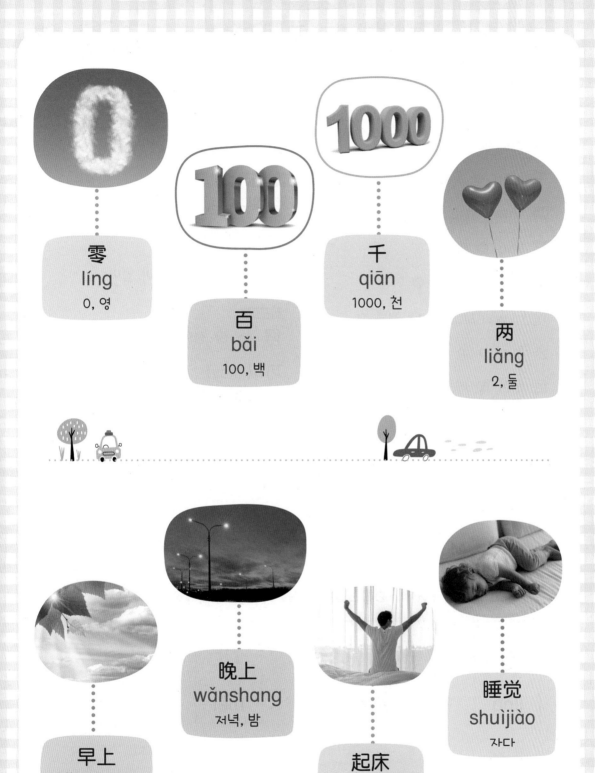

零
líng
0, 영

百
bǎi
100, 백

千
qiān
1000, 천

两
liǎng
2, 둘

晚上
wǎnshang
저녁, 밤

睡觉
shuìjiào
자다

早上
zǎoshang
아침

起床
qǐchuáng
일어나다

◀02-01▶

百 bǎi ㊌ 100, 백

千 qiān ㊌ 1000, 천

两 liǎng ㊌ 2, 둘

零 líng ㊌ 0, 영

早上 zǎoshang ㊅ 아침

晚上 wǎnshang ㊅ 저녁, 밤

去年 qùnián ㊅ 작년

每 měi ㊅ 매, ~마다

小时 xiǎoshí ㊅ 시간

时间 shíjiān ㊅ 시간

起床 qǐchuáng
㊍ 일어나다, 기상하다

洗 xǐ ㊍ 씻다, 빨다

已经 yǐjīng ㊑ 이미, 벌써

어법단어

得 de ㊈ 정도, 가능을 나타냄

可以 kěyǐ
㊐ ~할 수 있다, ~해도 된다

● 녹음을 듣고 순서에 맞게 A~D를 쓰고, 한자를 따라 쓰세요. ◀02-02▶

❶  líng

❷ 已经 yǐjīng

❸  měi

❹  xiǎoshí

단어 다시보기

1 두 단어의 일부를 합쳐서 만들어진 새 단어의 한어병음을 쓰세요.

2 두 단어의 뜻을 바탕으로 한 글자 한자의 뜻을 찾아 빈칸을 채우세요.

3 각 단어에서 한자 '日'을 찾아 보세요.

1 得 de 동사나 형용사 뒤에 쓰여 정도가 어떠한지를 표현할 수 있습니다.

我每天~

Tā érzi Hànyǔ shuō de hěn hǎo.
他儿子汉语说得很好。
그의 아들은 중국어를 잘해요.

Tā érzi Hànyǔ shuō de bù hǎo.
他儿子汉语说得不好。
그의 아들은 중국어를 못해요.

Tā érzi Hànyǔ shuō de hǎo ma?
他儿子汉语说得好吗?
그의 아들은 중국어를 잘해요?

Tā érzi Hànyǔ shuō de hǎo bu hǎo?
他儿子汉语说得好不好?
그의 아들은 중국어를 잘해요, 못해요?

2 可以 kěyǐ '~할 수 있다, ~해도 된다'라는 뜻으로 가능·허가를 표현할 때 사용합니다.

Jiě, nǐ zài kàn shénme ne? Wǒ kěyǐ kànkan ma?
姐，你在看什么呢？我可以看看吗？
누나, 뭐 보고 있어? 내가 봐도 될까?

• 단어의 뜻을 생각하며, 빈칸을 알맞게 채우세요.

 Nǐ měitiān jǐ diǎn qǐchuáng, jǐ diǎn shuìjiào?

① 你每天几点起床，几点睡觉？ 너는   몇 시에 일어나고 몇 시에 자니?

 Zǎoshang qī diǎn qǐchuáng, wǎnshang shí diǎn shuìjiào.

早上七点起床，晚上十点睡觉。 아침 7시에   , 밤 10시에 자요.

 Nǐ zuò cài zuò de zěnmeyàng?

② 你做菜做得怎么样？ 당신은   를 잘하나요?

 Bù zěnmeyàng, wǒ bù xǐhuan zuò cài.

不怎么样，我不喜欢做菜。 별로예요. 나는 요리하는 것을   .

 Māma, bàba bú zài zhèr!

③ 妈妈，爸爸不在这儿！ 엄마, 아빠   에 안 계세요!

 Tā yí ge xiǎoshí qián yǐjīng huíjiā le.

他一个小时前已经回家了。 아빠는 한 시간 전에   집에 가셨어.

 Nǐ xué Hànyǔ duō cháng shíjiān le?

④ 你学汉语多长时间了？ 너는 중국어를 공부한 지   됐어?

 Liǎng nián duō le.

两年多了。   넘었어.

1 녹음을 듣고 일과표에 시간을 쓰세요. **02-05**

晚上

晚上

晚上 7:00

晚上 6:30

下午 3:30

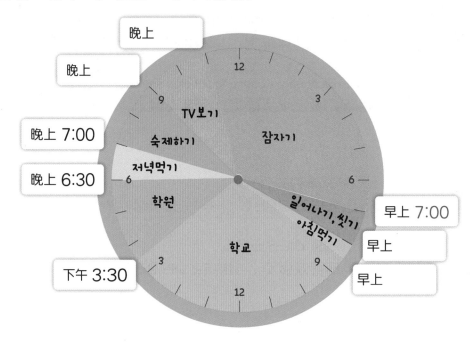

早上 7:00

早上

早上

2 사진을 보고, 어울리는 단어를 모두 골라 ○표 하세요.

❶

洗衣服　　两个小时
两点　　三零二号

❷

星期五　　星期天
早上七点　　二零二五年

3 빈칸에 들어갈 알맞은 한자를 아래에서 골라 문장을 완성하세요.

> 起　　两　　去年　　早上　　小时

①

早	睡	早	起	！				
Zǎo	shuì	zǎo	qǐ	！				

일찍 자고 일찍 일어나기!

②

一	个	半	小时	可	以	吗	？	
Yí	ge	bàn	xiǎoshí	kěyǐ		ma	？	

한 시간 반이면 될까요?

③

我	下午	两	点	去	看	电影	。	
Wǒ	xiàwǔ	liǎng	diǎn	qù	kàn	diànyǐng	．	

저는 오후 두 시에 영화 보러 가요.

④

每天	早上	八	点	吃	早饭	。		
Měitiān	zǎoshang	bā	diǎn	chī	zǎofàn	．		

매일 아침 8시에 아침밥을 먹어요.

⑤

这个	椅子	是	去年	买	的	。		
Zhège	yǐzi	shì	qùnián	mǎi	de	．		

이 의자는 작년에 산 거예요.

03
학교

教室
jiàoshì
교실

说话
shuōhuà
말하다

考试
kǎoshì
시험을 치다

铅笔
qiānbǐ
연필

错
cuò
틀리다

开始
kāishǐ
시작하다

学生
xuésheng
학생

介绍
jièshào
소개하다

教室 jiàoshì 명 교실

考试 kǎoshì
명 시험 동 시험을 치다

铅笔 qiānbǐ 명 연필

课 kè 명 수업

懂 dǒng 동 알다, 이해하다

知道 zhīdào 동 알다

介绍 jièshào 동 소개하다

说话 shuōhuà 동 말하다

错 cuò 형 틀리다

开始 kāishǐ 동 시작하다

意思 yìsi 명 뜻, 의미

问题 wèntí 명 문제, 질문

题 tí 명 문제

어법단어

为什么 wèishénme 대 왜, 어째서

别 bié 부 ~하지 마라

• 녹음을 듣고 순서에 맞게 A~D를 쓰고, 한자를 따라 쓰세요. 〔03-02〕

❶ 开 始
kāishǐ

❷ 考 试
kǎoshì

❸ 课
kè

❹ 题
tí

단어 다시보기

1 두 단어의 일부를 합쳐서 만들어진 새 단어의 한어병음을 쓰세요.

❶

上
shàng
위

+

课
kè
수업

→

上课
_____
수업을 하다, 수업을 받다

❷

不
bù
아니다

+

错
cuò
틀리다

→

不错
_____
좋다

❸

有
yǒu
있다

+

意思
yìsi
뜻, 의미, 생각

→

有意思
_____
재미있다, 흥미있다

❹

没有
méiyǒu
없다

+

问题
wèntí
문제

→

没问题
_____
문제없다, 괜찮다

2 각 단어에서 한자 '言(讠)'을 찾아 보세요.

考试   课   说话   汉语

다양하게 사용하기

1 为什么 wèishénme '왜, 어째서'라는 뜻으로, 원인 또는 목적을 물어볼 때 사용합니다.

Nǐ wèishénme lái Zhōngguó?
你为什么来中国? 당신은 왜 중국에 왔나요?

Xiǎo Gāo wèishénme méi lái shàngkè?
小高为什么没来上课? 샤오까오는 왜 수업에 안 왔나요?

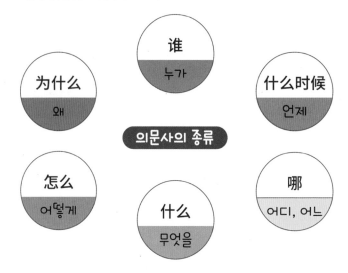

의문사의 종류: 谁 누가 / 什么时候 언제 / 为什么 왜 / 哪 어디, 어느 / 怎么 어떻게 / 什么 무엇을

2 别 bié '~하지 마라'라는 뜻의 금지 표현으로, 명령문에 사용합니다.

Kǎoshì de shíhou, bié shuōhuà.
考试的时候，别说话。 시험 볼 때는 말하지 마세요.

Bié kàn diànshì le, tài wǎn le, qù shuìjiào ba.
别看电视了，太晚了，去睡觉吧。 TV 보지 말고, 너무 늦었으니 가서 자렴.

- 단어의 뜻을 생각하며, 빈칸을 알맞게 채우세요.

❶

Xiǎo Xiè, nǐ kànjiàn wǒ de qiānbǐ le ma?

小谢，你看见我的铅笔了吗?　샤오시에, 내 [　　　　　] 봤니?

Zài yǐzi xiàmiàn ne.

在椅子下面呢。　의자 [　　　　　]에 있어.

❷

Dàjiā dōu tīng dǒng le ma?

大家都听懂了吗?　[　　　　　] 다 알아들었나요?

Lǎoshī, zhège tí wǒ bú tài dǒng.

老师，这个题我不太懂。　선생님, 저는 이 [　　　　　]를 잘 모르겠어요.

❸

Nǐ zhīdào jiàoshì li yǒu duōshao ge tóngxué?

你知道教室里有多少个同学?

너는 [　　　　　]에 몇 명의 학생이 있는지 알고 있니?

Zhīdào, yǒu sān ge nán tóngxué.

知道，有三个男同学。　[　　　　　]. 세 명의 남학생이 있어요.

❹

Xiàkè le, xià ge xīngqī yǒu kǎoshì!

下课了，下个星期有考试!　수업 [　　　　　]. 다음 주에 시험 있어!

Wǒmen jīntiān kāishǐ xuéxí ba.

我们今天开始学习吧。　우리 오늘부터 공부 [　　　　　]하자.

1 녹음을 듣고, 대화에 나온 물건을 찾아 ○표 하세요. `03-05`

2 사진을 보고, 어울리는 단어를 모두 골라 ○표 하세요.

❶

开始　　考试
桌子　　教室

❷

铅笔　　椅子
写名字　　学习汉语

3 빈칸에 들어갈 알맞은 한자를 아래에서 골라 문장을 완성하세요.

知道　　错　　开始　　考试　　介绍

❶

现	在			上	课	！			
Xiànzài		kāishǐ		shàngkè		！			

지금 수업 시작합니다!

❷

先	生	，	您	的	名	字	写		了	。
Xiānsheng		，	nín	de	míngzi		xiě	cuò	le	.

선생님, 이름 잘못 쓰셨어요.

❸

给	你		我	的	新	朋	友	。
Gěi	nǐ	jièshào	wǒ	de	xīn	péngyou		.

너에게 내 새 친구를 소개해 줄게.

❹

我	不		这	个	字	怎	么	读	。
Wǒ	bù	zhīdào	zhège		zì	zěnme		dú	.

나는 이 글자를 어떻게 읽는지 모르겠어요.

❺

今	天	我		考	了	一	百	分	。
Jīntiān		wǒ	kǎoshì	kǎo	le	yìbǎi		fēn	.

오늘 저는 시험에서 백 점을 맞았어요.

04
운동·활동

篮球
lánqiú
농구

足球
zúqiú
축구

跑步
pǎobù
달리기

游泳
yóuyǒng
수영

跳舞
tiàowǔ
춤을 추다

唱歌
chànggē
노래를 부르다

旅游
lǚyóu
여행하다

一起
yìqǐ
같이

打篮球 dǎ lánqiú 농구를 하다

踢足球 tī zúqiú 축구를 하다

唱歌 chànggē 동 노래를 부르다

跳舞 tiàowǔ 동 춤을 추다

快 kuài 형 (속도가) 빠르다

慢 màn 형 느리다

跑步 pǎobù 명 달리기 동 달리다

游泳 yóuyǒng 명 수영 동 수영하다

运动 yùndòng 명 운동

旅游 lǚyóu 동 여행하다

玩 wán 동 놀다

一起 yìqǐ 부 같이, 함께

也 yě 부 ~도, 역시

어법단어

正在 zhèngzài

부 ~하고 있는 중이다

吧 ba 조 ~하자, ~해라

[권유·제안 등을 나타냄]

● 녹음을 듣고 순서에 맞게 A~D를 쓰고, 한자를 따라 쓰세요.　04-02

❶

运 动
yùndòng

❷
游 泳
yóuyǒng

❸

旅 游
lǚyóu

❹
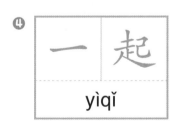
一 起
yìqǐ

1 두 단어의 일부를 합쳐서 만들어진 새 단어의 한어병음을 쓰세요.

❶

| 中国
Zhōngguó
중국 | + | 唱歌
chànggē
노래를 부르다 | → | 中国歌
_____
중국 노래 |

❷

| 运动
yùndòng
운동 | + | 衣服
yīfu
옷 | → | 运动服
_____
운동복 |

❸

| 快
kuài
빠르다 | + | 一点儿
yìdiǎnr
조금 | → | 快点儿
_____
빨리, 서둘러 |

2 두 단어의 뜻을 바탕으로 한 글자 한자의 뜻을 찾아 빈칸을 채우세요.

❶

| 跑
pǎo
_____ | → | 跑步
pǎobù
달리기 | 慢跑
mànpǎo
조깅 |

3 각 단어에서 한자 '足(⻊)'을 찾아 보세요.

踢足球　　　跳舞　　　跑步

1 正在 zhèngzài   현재 발생하는 동작이 지속되거나 진행중임을 표현할 때 '正在⋯⋯呢(zhèng⋯⋯zài)', '正⋯⋯呢(zhèng⋯⋯ne)', '在⋯⋯呢(zài⋯⋯ne)' 형태로 사용합니다.

Tā zhèngzài chuángshang kàn diànyǐng ne.
她正在床上看电影呢。
그녀는 침대에서 영화를 보고 있습니다.

Xiǎo Míng zhèngzài xǐ yùndòngfú ne.
小明正在洗运动服呢。
샤오밍은 운동복을 빨고 있습니다.

2 吧 ba   문장의 끝에 쓰여 부탁·권유·추측의 의미를 나타내며, 부드러운 어감의 표현으로 쓰입니다.

Míngtiān wǒmen yìqǐ qù yóuyǒng ba.
明天我们一起去游泳吧。
내일 우리 같이 수영하러 가자.

Xià xīngqīwǔ shì nǐ de shēngrì ba?
下星期五是你的生日吧?
다음 주 금요일이 너의 생일이지?

• 단어의 뜻을 생각하며, 빈칸을 알맞게 채우세요.

① Nǐ xǐhuan shénme yùndòng?
你喜欢什么运动? 너는 무슨   을 좋아해?

Wǒ hěn xǐhuan yóuyǒng hé tī zúqiú.
我很喜欢游泳和踢足球。 나는   과 축구를 좋아해.

② Māma, wǒ de yùndòngfú bú jiàn le.
妈妈，我的运动服不见了。 엄마, 제   이 안 보여요.

Nǐ de yīfu bú shì zài zhuōzi shang ma?
你的衣服不是在桌子上吗? 네 옷은   위에 있지 않니?

③ Nǐ gēge měitiān zǎoshang dōu qù pǎobù ma?
你哥哥每天早上都去跑步吗? 너희 오빠는 매일 아침   를 하니?

Shì, tā hěn xǐhuan yùndòng.
是，他很喜欢运动。 응, 오빠는 운동을 매우   .

④ Nǐ xiǎng qù nǎr lǚyóu?
你想去哪儿旅游? 너는 어디로   가고 싶어?

Wǒ xiǎng qù Běijīng.
我想去北京。 나는 베이징에   .

1 녹음을 잘 듣고 한어병음을 완성하세요. 04-05

❶

dǎ_____

❷

tī_____

*손을 이용하는 운동에는 '打(dǎ)', 발을 이용하는 운동에는 '踢(tī)'를 사용합니다.

2 사진을 보고, 어울리는 단어를 모두 골라 O표 하세요.

❶

唱歌   跳舞
游泳   旅游

❷

玩儿电脑   唱中国歌
洗运动服

3 빈칸에 들어갈 알맞은 한자를 아래에서 골라 문장을 완성하세요.

跑　慢　一起　唱歌　游泳

❶

小	朋	友	，		点	儿	吃	。	
Xiǎo péngyou			，	màn	diǎnr		chī	.	

꼬마 친구, 천천히 먹어요.

❷

明	天	来	我	家		玩	儿	吧	！
Míngtiān	lái	wǒ	jiā		yìqǐ	wánr		ba	！

내일 우리 집에 와서 같이 놀자!

❸

那	个	女	孩	子	也		得	很	快	。
Nàge		nǚ háizi			yě	pǎo	de	hěn	kuài	.

저 여자아이도 빨리 달려요.

❹

我	七	岁	的	时	候	开	始		。
Wǒ	qī	suì	de	shíhou		kāishǐ		yóuyǒng	.

나는 7살 때 수영을 시작했어요.

❺

我	女	儿	喜	欢		和	跳	舞	。
Wǒ	nǚ'ér		xǐhuan		chànggē	hé	tiàowǔ		.

제 딸은 노래 부르고 춤추는 것을 좋아해요.

05
색깔·상품 구매

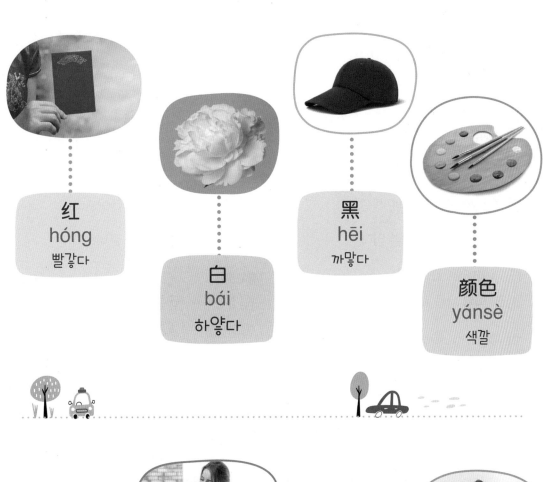

红
hóng
빨갛다

白
bái
하얗다

黑
hēi
까맣다

颜色
yánsè
색깔

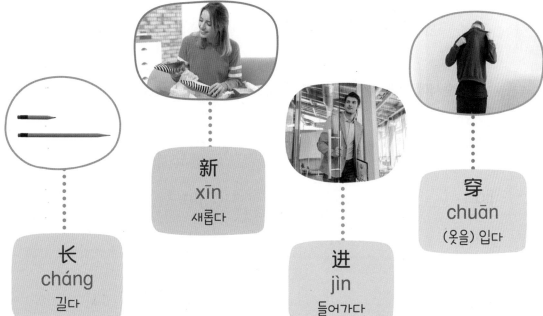

长
cháng
길다

新
xīn
새롭다

进
jìn
들어가다

穿
chuān
(옷을) 입다

白 bái 형 희다, 하얗다

黑 hēi 형 검다, 까맣다

红 hóng 형 붉다, 빨갛다

颜色 yánsè 명 색, 색깔

穿 chuān 동 (옷을) 입다

件 jiàn 양 건, 벌
[사건, 의복 등을 세는 단위]

长 cháng 형 길다

新 xīn 형 새롭다

贵 guì 형 비싸다

便宜 piányi 형 싸다

卖 mài 동 팔다

进 jìn 동 들어가다, 들어오다

准备 zhǔnbèi 동 준비하다

어법단어

虽然……但是…… suīrán……
dànshì…… 접 비록 ~하지만 ~하다

给 gěi 동 주다 개 ~에게

● 녹음을 듣고 순서에 맞게 A~D를 쓰고, 한자를 따라 쓰세요. ◀ 05-02 ▶

❶
件
jiàn

❷
新
xīn

❸
进
jìn

❹
白
bái

1 두 단어의 일부를 합쳐서 만들어진 새 단어의 한어병음을 쓰세요.

❶

白		颜色		白色
bái	**+**	yánsè	**→**	_____
희다		색깔		흰색

❷

黑		颜色		黑色
hēi	**+**	yánsè	**→**	_____
검다		색깔		검은색

❸

红		颜色		红色
hóng	**+**	yánsè	**→**	_____
빨갛다		색깔		빨간색

❹
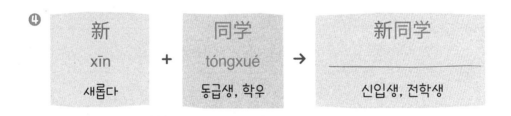

新		同学		新同学
xīn	**+**	tóngxué	**→**	_____
새롭다		동급생, 학우		신입생, 전학생

2 각 단어에서 한자 '人(亻)'을 찾아 보세요.

件 便宜 他

1 虽然······但是······ suīrán ······ dànshì ······ '비록 ~하지만 ~하다'의 표현으로 '비록'의 뜻을 가진 '虽然(suīrán)'은 '그러나'의 뜻을 가진 '但是(dànshì)'와 함께 사용해서 문장을 완성합니다.

Suīrán zhè jiàn yīfu hěn piàoliang, dànshì tài guì le.
虽然这件衣服很漂亮，但是太贵了。
이 옷은 비록 예쁘지만 너무 비쌉니다.

Suīrán zhège diànyǐng hěn cháng, dànshì hěn yǒu yìsi.
虽然这个电影很长，但是很有意思。
이 영화는 비록 길지만 아주 재미있습니다.

2 给 gěi '~에게'라는 뜻으로, 동작의 대상을 나타낼 때 사용합니다.

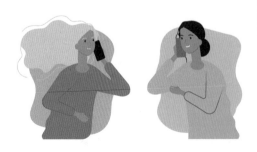

Míngtiān nǐ gěi wǒ dǎ diànhuà ba.
明天你给我打电话吧。
내일 네가 나에게 전화해 줘.

Māma, gěi wǒ sān ge píngguǒ ba.
妈妈，给我三个苹果吧。
엄마, 저에게 사과 3개 주세요.

- 단어의 뜻을 생각하며, 빈칸을 알맞게 채우세요.

① Nǐ kànkan, zhè jiàn yīfu zěnmeyàng?
你看看，这件衣服怎么样？　봐봐. 이 옷 　　　　　?

Zhè jiàn yǒu diǎnr guì, nà jiàn báisè de hǎokàn.
这件有点儿贵，那件白色的好看。
이 옷은 조금 　　　　　. 저 흰색 옷이 예뻐.

② Zhè jiàn hóngsè de yīfu duōshao qián?
这件红色的衣服多少钱？　이 　　　　　옷은 얼마인가요？

Sānqiān wǔbǎi kuài qián.
三千五百块钱。　3 　　　　　5 　　　　　위안입니다.

③ Wǒ zhǔnbèi hǎo le, nǐ qù bu qù?
我准备好了，你去不去？　나 　　　　　다 했어. 너 갈 거야, 안 갈 거야?

Qù, wǒ yě xiǎng mǎi yīfu.
去，我也想买衣服。　갈 거야. 나 　　　　　옷 사고 싶어.

④ Qǐng jìn, nín shuō de nà běn shū lái le.
请进，您说的那本书来了。　　　　　　. 말씀하신 그 책 왔어요.

Hǎo de, zhè běn hēisè de shū yě yìqǐ mǎi ba.
好的，这本黑色的书也一起买吧。　좋아요. 이 　　　　　책도 같이 살게요.

스스로 확인

1 녹음을 듣고, 제시된 단어가 들어갈 알맞은 위치를 A～E 중에 찾아보세요. 〔05-05〕

❶
| dànshì |
| 但是 |

虽然我 A 很 B 喜欢 C 吃水果， D 现在 E 不能吃。

❷
| gěi |
| 给 |

A 您 B 介绍， C 他 D 是 E 明明。

2 사진을 보고, 어울리는 단어를 모두 골라 O표 하세요.

❶

长　　新

便宜　　铅笔

❷

红色的衣服　　有点儿长

准备早饭　　看电影

3 빈칸에 들어갈 알맞은 한자를 아래에서 골라 문장을 완성하세요.

> 贵　长　卖　新　红

❶

这	红	苹	果	怎	么	卖	？		
Zhè	hóng	píngguǒ		zěnme		mài	？		

이 빨간 사과는 어떻게 팔아요?

❷

儿	子	想	买	红	色	的	笔	。	
Érzi		xiǎng	mǎi	hóngsè		de	bǐ	.	

아들은 빨간색 펜을 사고 싶어해요.

❸

这	个	椅	子	是	今	天	新	来	的	。
Zhège		yǐzi		shì	jīntiān		xīn	lái	de	.

이 의자는 오늘 새로 온 거예요.

❹

太	贵	了	，	便	宜	点	儿	吧	！
Tài	guì	le	，	piányi		diǎnr		ba	！

너무 비싸요. 좀 깎아 주세요!

❺

昨	天	穿	的	衣	服	有	点	儿	长	。
Zuótiān		chuān	de	yīfu		yǒu diǎnr			cháng	.

어제 입은 옷은 약간 길어요.

06
여행·숙소

宾馆
bīnguǎn
호텔

房间
fángjiān
방

飞机
fēijī
비행기

机场
jīchǎng
공항

远
yuǎn
멀다

近
jìn
가깝다

走
zǒu
걷다

问
wèn
묻다

宾馆 bīnguǎn 명 호텔

机场 jīchǎng 명 공항

近 jìn 형 가깝다

远 yuǎn 형 멀다

走 zǒu 동 걷다, 가다

找 zhǎo 동 찾다

到 dào 동 도착하다

离 lí 개 ~에서

第一 dì-yī 수 첫 번째, 제1

次 cì 양 번, 차례

问 wèn 동 묻다

房间 fángjiān 명 방

它 tā 대 그(것), 저(것)
[사람 이외의 것을 가리킴]

어법단어

要 yào 조동 ~하려고 한다, ~해야 한다

着 zhe
조 ~한 채로 있다, ~하면서 (~하다)

• 녹음을 듣고 순서에 맞게 A~D를 쓰고, 한자를 따라 쓰세요. 06-02

❶
它
tā

❷
离
lí

❸
机 场
jīchǎng

❹
房 间
fángjiān

단어 **다시보기**

06-03

1 두 단어의 일부를 합쳐서 만들어진 새 단어의 한어병음을 쓰세요.

❶

米饭
mǐfàn
쌀밥

+

宾馆
bīnguǎn
호텔

→

饭馆
_____
식당

❷

茶
chá
차

+

宾馆
bīnguǎn
호텔

→

茶馆
_____
찻집

❸

房间
fángjiān
방

+

孩子
háizi
아이

→

房子
_____
집

❹

洗
xǐ
씻다

+

衣服
yīfu
옷

+

飞机
fēijī
비행기

→

洗衣机
_____
세탁기

2 각 단어에서 한자 '辶'을 찾아 보세요.

近   远   进

1 要 yào 동사 앞에 쓰여 '~할 것이다, ~하려고 한다'의 뜻으로, 의지나 계획을 나타냅니다. '~해야 한다'의 뜻으로, 의무나 필요를 나타내기도 합니다.

Wǒ yào qù shāngdiàn mǎi zhuōzi hé yǐzi.
我要去商店买桌子和椅子。
나는 상점에 가서 책상과 의자를 사려고 합니다.

Nǐ yào bu yào chī xīguā?
你要不要吃西瓜?
당신은 수박을 드시겠습니까?

• '要(yào)'의 부정형 표현은 '不要(bú yào)'로 쓰기도 하지만, '不要'는 '싫다'라는 부정적인 의미도 가지고 있어 '不(bù)'나 '不想(bù xiǎng)'으로 부정형 대답을 사용하여 오해를 줄입니다.

Nǐ yào hē niúnǎi ma?
A 你要喝牛奶吗? 우유 마실래?

Wǒ bù xiǎng hē.
B 我不想喝。 마시고 싶지 않아.

2 着 zhe 상태의 지속이나 동작의 진행을 나타내고, 두 개의 동사 사이에 쓰여 동작이 일어나는 방식을 나타냅니다.

Mǐfàn hái rèzhe ne.
米饭还热着呢。
밥이 아직 따뜻합니다.

Wǒ měitiān zǒuzhe shàngxué.
我每天走着上学。
나는 매일 걸어서 등교합니다.

● 단어의 뜻을 생각하며, 빈칸을 알맞게 채우세요.

Nǐ shì dì-yī cì lái zhèli ma?

❶ 你是第一次来这里吗?　너는 여기에 [   ] 왔니?

Bú shì, sān nián qián wǒ láiguo yí cì.

不是，三年前我来过一次。　아니, 3년 전에 [   ] 왔었어.

Māma, wǒmen de bīnguǎn lí zhèr yuǎn ma?

❷ 妈妈，我们的宾馆离这儿远吗?　엄마, 우리 [   ] 은 여기에서 멀어요?

Hěn jìn, nǐ zhǎo yi zhǎo ba.

很近，你找一找吧。　[   ]. 네가 한 번 찾아보렴.

Xiǎo Tiān, nàge fángjiān zhēn dà, nà shì shéi de fángjiān?

❸ 小天，那个房间真大，那是谁的房间?

샤오톈, 저 방은 정말 크다. 저기는 [   ] 방이야?

Nà shì wǒ yéye hé nǎinai de fángjiān.

那是我爷爷和奶奶的房间。　저기는 우리 할아버지와 할머니의 [   ] 이야.

Jīntiān xiàwǔ nǐ yǒu shíjiān ma?

❹ 今天下午你有时间吗?　오늘 오후에 [   ] 이 있니?

Méiyǒu, nǎinai ràng wǒ qù tā jiā.

没有，奶奶让我去她家。

[   ]. 할머니가 나에게 할머니 댁에 오라고 하셨어.

1 녹음을 잘 듣고, 밑줄에 공통으로 들어갈 한어병음을 찾아보세요. (06-05)

bīn＿＿＿＿＿＿＿ 　　 chá＿＿＿＿＿＿＿ 　　 fàn＿＿＿＿＿＿＿

gǎn 　　 gǎng 　　 guǎ 　　 guǎn

2 사진을 보고, 어울리는 단어를 모두 골라 O표 하세요.

上学　　找铅笔
问问题　　到学校

他　　她
它　　小猫

58

3 빈칸에 들어갈 알맞은 한자를 아래에서 골라 문장을 완성하세요.

離　走　到　房间　房子

❶

请	问	，		学	校	怎	么	走	？	
Qǐngwèn		,		dào	xuéxiào		zěnme		zǒu	?	

실례합니다, 학교에 어떻게 가나요?

❷

你	姐	姐	的			真	漂	亮	！
Nǐ		jiějie		de		fángjiān		zhēn	piàoliang	!

너희 언니(누나) 방 정말 예쁘다!

❸

	五	分	钟	就	能	到	饭	馆	儿	。
Zǒu	wǔ		fēnzhōng		jiù	néng	dào		fànguǎnr		.

걸어서 5분이면 식당에 도착할 수 있어요.

❹

上	个	月	，	我	买	了	新			。
Shàng ge yuè			,		wǒ	mǎile		xīn	fángzi	.

지난달, 저는 새집을 샀어요.

❺

弟	弟	的	小	学		我	家	很	近	。
Dìdi		de		xiǎoxué	lí	wǒ		jiā	hěn	jìn	.

남동생의 초등학교는 우리 집에서 가까워요.

07
방향·이동

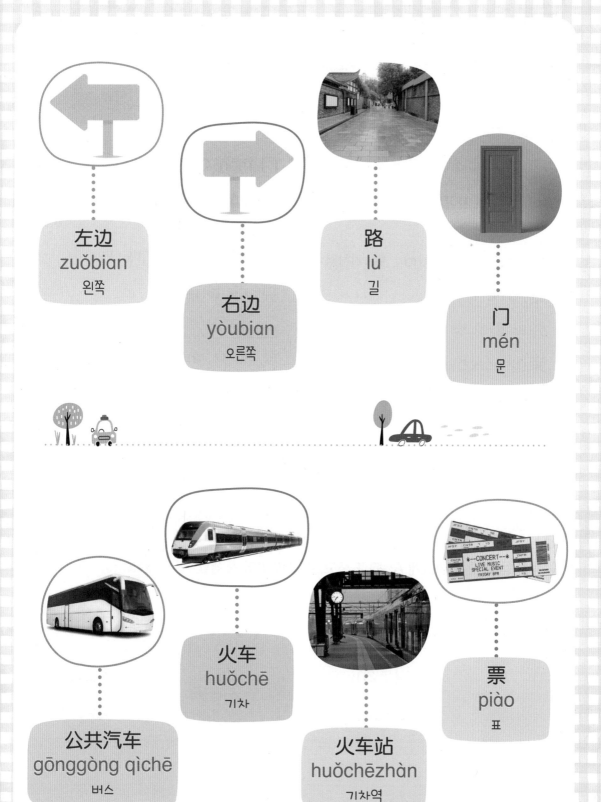

左边
zuǒbian
왼쪽

右边
yòubian
오른쪽

路
lù
길

门
mén
문

公共汽车
gōnggòng qìchē
버스

火车
huǒchē
기차

火车站
huǒchēzhàn
기차역

票
piào
표

左边 zuǒbian 명 왼쪽

右边 yòubian 명 오른쪽

公共汽车 gōnggòng qìchē
명 버스

火车站 huǒchēzhàn 명 기차역

路 lù 명 길

外 wài 명 밖

旁边 pángbiān 명 옆

日 rì 명 일, 날

从 cóng 개 ~부터

门 mén 명 문

票 piào 명 표, 티켓

出 chū
동 (안에서 밖으로) 나가다, 나오다

只 zhī 양 마리

어법단어

就 jiù 부 바로

往 wǎng 개 ~쪽으로

● 녹음을 듣고 순서에 맞게 A~D를 쓰고, 한자를 따라 쓰세요. ◀ 07-02 ▶

❶

日
rì

❷

只
zhī

❸
路
lù

❹

出
chū

1 두 단어의 일부를 합쳐서 만들어진 새 단어의 한어병음을 쓰세요.

❶

| 外
wài
밖, 외 | + | 左边
zuǒbian
왼쪽 | → | 外边
————————
밖, 바깥 |

❷

| 门
mén
문 | + | 票
piào
표 | → | 门票
————————
입장권, 티켓 |

❸

| 左边
zuǒbian
왼쪽 | + | 右边
yòubian
오른쪽 | → | 左右
————————
정도 |

❹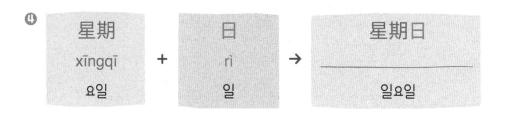

| 星期
xīngqī
요일 | + | 日
rì
일 | → | 星期日
————————
일요일 |

2 각 단어에서 한자 '门'을 찾아 보세요.

门　　时间　　问　　我们

1 就 jiù '바로, 곧'이라는 뜻으로, 행동이 방금 발생했거나 곧 발생할 때 사용합니다.

Wǒ jiā lí jīchǎng hěn jìn, zuò gōnggòng qìchē shíwǔ fēnzhōng jiù dào le.
我家离机场很近，坐公共汽车15分钟就到了。
우리 집은 공항에서 아주 가까워요. 버스 타고 15분이면 바로 도착해요.

• 긍정적인 어조를 강조할 때도 사용합니다.

Hànyǔ shū jiù zài zhuōzi shàngmiàn.
汉语书就在桌子上面。
중국어 책은 (바로) 책상 위에 있습니다.

2 往 wǎng '~쪽으로'라는 뜻으로, 방향을 나타내는 표현에 사용합니다.

Wǎng běi zǒu jiù shì huǒchēzhàn.
往北走就是火车站。
북쪽으로 가면 기차역입니다.

Wǒ zài wǎng cháguǎn zǒu ne, wǔ fēnzhōng jiù dào le.
我在往茶馆走呢，五分钟就到了。
나는 찻집으로 걸어가고 있어요. 5분이면 도착해요.

● 단어의 뜻을 생각하며, 빈칸을 알맞게 채우세요.

① Qǐngwèn, huǒchēzhàn zěnme zǒu?

请问，火车站怎么走? 실례합니다. ＿＿＿＿＿에 어떻게 가나요?

Wǎng qián zǒu, dào kāfēiguǎn zài wǎng zuǒ zǒu jiù dào le.

往前走，到咖啡馆再往左走就到了。

앞으로 가세요. 커피숍에서 다시 ＿＿＿＿＿으로 가면 도착합니다.

② Cóng xuéxiào dào huǒchēzhàn zuò gōnggòng qìchē duō cháng shíjiān?

从学校到火车站坐公共汽车多长时间?

학교에서 기차역까지 버스 ＿＿＿＿＿ 얼마나 걸립니까?

 Yí ge bàn xiǎoshí zuǒyòu ba.

一个半小时左右吧。 한 시간 반 ＿＿＿＿＿ 걸립니다.

③ Dōu jǐ diǎn le, nǐ zěnme hái méi lái?

都几点了，你怎么还没来? 시간이 몇 신데 너 왜 아직도 안 ＿＿＿＿＿?

 Duìbuqǐ, wǒ zuò cuò gōnggòng qìchē le.

对不起，我坐错公共汽车了。 미안해. 나 ＿＿＿＿＿를 잘못 탔어.

④ Nǎ zhī gǒu shì nǐ de gǒu?

哪只狗是你的狗? ＿＿＿＿＿ 강아지가 네 강아지야?

 Chuān hóngsè yīfu de nà zhī jiù shì.

穿红色衣服的那只就是。 빨간 옷을 ＿＿＿＿＿ 강아지가 내 강아지야.

1 녹음을 듣고, 바둑알을 한 칸씩 옮겨 도착 지점에 '到(dào, 도착하다)' 한자를 쓰세요.

07-05

출발

2 사진을 보고, 어울리는 단어를 모두 골라 ○표 하세요.

❶

식당   학교   경찰서   병원

饭馆儿   学校左边

饭馆儿旁边   火车站后面

❷

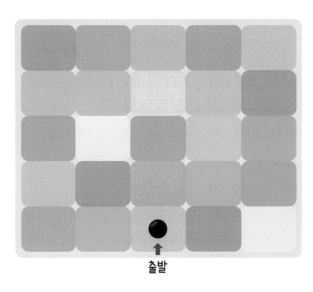

往前走   往左走

往北走

3 빈칸에 들어갈 알맞은 한자를 아래에서 골라 문장을 완성하세요.

路　　机场　　右边　　门票　　出门

❶

我	们	两	点	半		吧	。	
Wǒmen	liǎng	diǎn	bàn	chūmén	ba	.		

우리 2시 반에 외출하자.

❷

星	期	日	的		在	桌	子	上	。
Xīngqīrì		de	ménpiào	zài	zhuōzi shang	.			

일요일 입장권은 책상 위에 있어요.

❸

医	院		有	一	家	饭	馆	儿	。
Yīyuàn	yòubian	yǒu	yì	jiā	fànguǎnr	.			

병원 오른쪽에 식당이 하나 있어요.

❹

对	不	起	，		上	车	太	多	了	。
Duìbuqǐ			，	lù shang	chē	tài	duō	le	.	

미안해요. 길에 차가 너무 많아요.

❺

谢	谢	你	和	我	一	起	来		。
Xièxie	nǐ	hé	wǒ	yìqǐ	lái	jīchǎng	.		

나와 함께 공항에 와 주어서 고마워요.

08
식품·음식

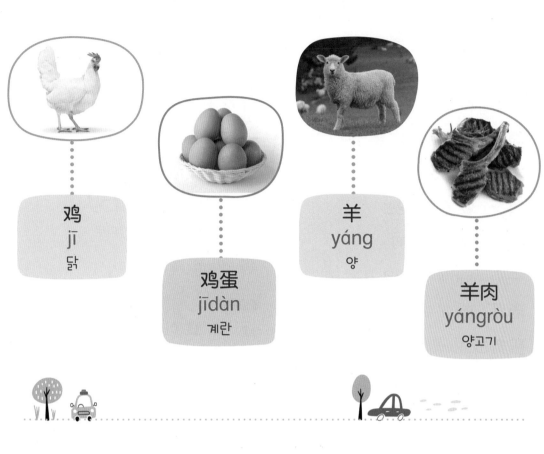

鸡
jī
닭

鸡蛋
jīdàn
계란

羊
yáng
양

羊肉
yángròu
양고기

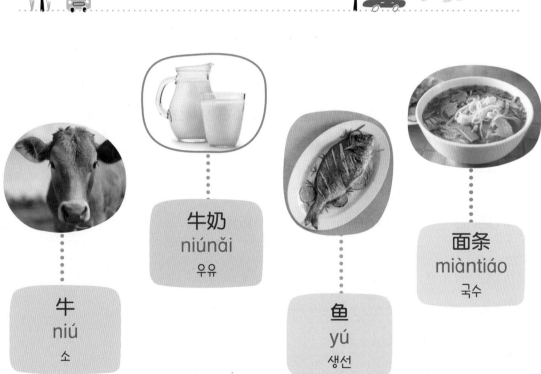

牛奶
niúnǎi
우유

牛
niú
소

鱼
yú
생선

面条
miàntiáo
국수

鸡蛋 jīdàn 명 계란

面条儿 miàntiáor 명 국수

羊肉 yángròu 명 양고기

鱼 yú 명 물고기, 생선

咖啡 kāfēi 명 커피

牛奶 niúnǎi 명 우유

西瓜 xīguā 명 수박

服务员 fúwùyuán 명 종업원

好吃 hǎochī 형 맛있다

一下 yíxià
수량 좀 ~하다, 한번 ~하다

完 wán 동 끝나다, 끝내다

真 zhēn 부 정말, 진짜로

等 děng 동 기다리다

어법단어

还 hái 부 아직, 또

过 guo 조 ~한 적이 있다

● 녹음을 듣고 순서에 맞게 A~D를 쓰고, 한자를 따라 쓰세요. 08-02

❶
等
děng

❷
完
wán

❸
咖 啡
kāfēi

❹
牛 奶
niúnǎi

1 두 단어의 일부를 합쳐서 만들어진 새 단어의 한어병음을 쓰세요.

❶

牛奶
niúnǎi
우유

\+

羊肉
yángròu
양고기

→

牛肉
_____
소고기

❷

鸡蛋
jīdàn
계란

\+

羊肉
yángròu
양고기

→

鸡肉
_____
닭고기

❸

牛奶
niúnǎi
우유

\+

茶
chá
차

→

奶茶
_____
밀크티

❹

好吃
hǎochī
맛있다

\+

喝
hē
마시다

→

好喝
_____
(음료수가) 맛있다

2 각 단어에서 한자 '口'를 찾아 보세요.

好吃   咖啡   喝

1 还 *hái* '여전히, 아직'이라는 뜻으로, 동작이나 상태가 변하지 않고 그대로 지속됨을 나타 냅니다.

Yǐjīng wǎnshang shíyī diǎn le, érzi zěnme hái méi huílái ne?
已经晚上十一点了，儿子怎么还没回来呢?
벌써 밤 11시인데, 아들은 왜 아직 안 돌아오지?

• '또, 게다가'라는 뜻으로, 이미 지정한 범위 외에 더 증가되거나 보충됨을 나타냅니다.

Wǒ yào yì bēi nǎichá, hái yào yì bēi kāfēi.
我要一杯奶茶，还要一杯咖啡。
밀크티 한 잔 주시고, 또 커피도 한 잔 주세요.

2 过 *guo* '~한 적이 있다'라는 뜻으로, 동사의 뒤에 쓰여 경험이나 동작의 완성을 나타냅 니다. 동사 앞에 '没(méi)'를 써서 부정형을 만들 수 있습니다.

Wǒ zài zhège shāngdiàn mǎiguo yīfu.
我在这个商店买过衣服。
나는 이 상점에서 옷을 산 적이 있습니다.

Wǒ méi hēguo Zhōngguó chá.
我没喝过中国茶。
나는 중국차를 마셔 본 적이 없습니다.

● 단어의 뜻을 생각하며, 빈칸을 알맞게 채우세요.

① Fúwùyuán, wǒ yào yì bēi kāfēi.
服务员，我要一杯咖啡。 여기요(종업원)! 커피 한 잔 주세요.

Hǎo de, qǐng děng yíxià.
好的，请等一下。 네, 잠시만 _____ .

② Nǐ chīguo Zhōngguó cài ma?
你吃过中国菜吗？ 너는 _____ 을 먹어 본 적 있니?

Hái méi chīguo, wǒ hěn xiǎng chī Zhōngguó cài.
还没吃过，我很想吃中国菜。
아직 먹어 본 적 없어. 나는 중국 음식을 먹어 보고 싶어.

③ Nǐ jīntiān zǎoshang chī shénme?
你今天早上吃什么？ 당신은 오늘 _____ 에 뭐 먹었어요?

Wǒ chī liǎng ge jīdàn, hē yì bēi kāfēi.
我吃两个鸡蛋，喝一杯咖啡。
나는 _____ 을 두 개 먹고, 커피를 한 잔 마셨어요.

④ Tiānqì tài rè le, jiāli yǒu xīguā ma?
天气太热了，家里有西瓜吗？ _____ 가 너무 더워요. 집에 수박 있어요?

Méiyǒu, nǐ hē shuǐ ba!
没有，你喝水吧！ _____ . 물을 마시렴!

스스로 확인

1 녹음을 듣고, 전단지에서 사야 할 것을 찾아 ○표 하세요. ◀08-05▶

○○마트

2 사진을 보고, 어울리는 단어를 모두 골라 ○표 하세요.

❶

服务员　　咖啡

米饭　　面条儿

❷

一杯牛奶　　两个鸡蛋

三个苹果

74

3 빈칸에 들어갈 알맞은 한자를 아래에서 골라 문장을 완성하세요.

好吃　　每天　　吧　　完　　很

❶

西	瓜	太	大	了	，	我	吃	不		。
Xīguā		tài	dà	le	，	wǒ		chī bu wán		.

수박이 너무 커서 다 못 먹어요.

❷

这	个	星	期	，		都	吃	鱼	。
Zhège		xīngqī		，	měitiān	dōu	chī	yú	.

이번 주는 매일 생선을 먹었어요.

❸

我	爸	爸	做	的	羊	肉	真		。
Wǒ	bàba		zuò	de	yángròu		zhēn	hǎochī	.

우리 아빠가 만드신 양고기는 정말 맛있어요.

❹

天	气	很	冷	，	喝	热	奶	茶		。
Tiānqì		hěn	lěng	，	hē	rè	nǎichá		ba	.

날씨가 너무 추워. 뜨거운 밀크티 마시자.

❺

我	妈	妈		喜	欢	吃	面	条	儿	。
Wǒ	māma		hěn	xǐhuan		chī	miàntiáor			.

우리 엄마는 국수 먹는 것을 매우 좋아하세요.

09
업무·건강

公司
gōngsī
회사

上班
shàngbān
출근하다

忙
máng
바쁘다

累
lèi
피곤하다

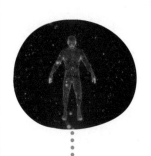

身体
shēntǐ
몸, 건강

眼睛
yǎnjing
눈

生病
shēngbìng
병이 나다

药
yào
약

公司 gōngsī 명 회사

上班 shàngbān 동 출근하다

忙 máng 형 바쁘다

累 lèi 형 피곤하다

帮助 bāngzhù 동 돕다

事情 shìqing 명 일, 사건

休息 xiūxi 동 쉬다

生病 shēngbìng 동 병이 나다

眼睛 yǎnjing 명 눈

药 yào 명 약

非常 fēicháng 부 매우

身体 shēntǐ 명 몸, 건강

再 zài 부 다시

어법단어

让 ràng 동 ～에게 ～하라고 시키다

告诉 gàosu 동 알리다, 말하다

● 녹음을 듣고 순서에 맞게 A～D를 쓰고, 한자를 따라 쓰세요. 09-02

❶ 忙 máng

❷ 再 zài

❸ 休息 xiūxi

❹ 公司 gōngsī

1 두 단어의 일부를 합쳐서 만들어진 새 단어의 한어병음을 쓰세요.

❶

| 出
chū
나가다 | + | 医院
yīyuàn
병원 | → | 出院
_____
퇴원하다 |

❷

| 药
yào
약 | + | 商店
shāngdiàn
상점 | → | 药店
_____
약국 |

❸

| 同学
tóngxué
동급생 | + | 事情
shìqing
일 | → | 同事
_____
동료 |

❹
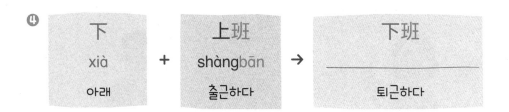

| 下
xià
아래 | + | 上班
shàngbān
출근하다 | → | 下班
_____
퇴근하다 |

2 각 단어에서 한자 '心(忄)'을 찾아 보세요.

忙   事情   懂

1 让 ràng　'~에게 ~하라고 시키다(청하다)'의 뜻으로, 다른 사람에게 어떤 일을 하도록 요구하는 뜻을 가지고 있습니다. '让 + 대상 + 동사'의 형식으로 쓰입니다.

Gōngsī ràng wǒ qù Zhōngguó gōngzuò.
公司让我去中国工作。
회사는 나에게 중국에 가서 일하라고 했습니다.

Lǎoshī ràng wǒ gěi Míngmíng dǎ diànhuà.
老师让我给明明打电话。
선생님은 나에게 밍밍에게 전화하라고 했습니다.

2 告诉 gàosu　'알리다, 말하다'의 뜻으로, 한 개의 목적어를 갖는 대부분의 동사와 달리 목적어를 두 개 가질 수 있습니다. '告诉 + 간접목적어(사람) + 직접목적어'의 형태로 활용됩니다. '说(shuō, 말하다)'와 달리 '告诉' 뒤에는 '듣는 대상'이 옵니다.

Māma gàosu wǒ, hǎohāo chī fàn duì shēntǐ hǎo.
妈妈告诉我，好好吃饭对身体好。
엄마가 저에게 밥을 잘 먹어야 몸에 좋다고 하셨습니다.

Bié gàosu tā zhè jiàn shìqing.
别告诉她这件事情。
그녀에게 이 일을 말하지 마세요.

● 단어의 뜻을 생각하며, 빈칸을 알맞게 채우세요.

1
Chī yào le ma? Shēntǐ zěnmeyàng le?
吃药了吗? 身体怎么样了?　 　먹었어? 몸은 어때?

Chī le, xiànzài hǎo duō le.
吃了，现在好多了。　먹었어요. 　많이 좋아졌어요.

2
Yīshēng, wǒ shénme shíhou néng chūyuàn?
医生，我什么时候能出院?　의사 선생님, 저는 언제 　할 수 있나요?

Xià xīngqīyī jiù kěyǐ chūyuàn le.
下星期一就可以出院了。　 　에 퇴원할 수 있습니다.

3
Wǒ zhè jǐ tiān shēntǐ bú tài hǎo.
我这几天身体不太好。　저는 요즘 　이 별로 안 좋아요.

Shēngbìng le jiù bú yào tài lèi le, duō xiūxi xiūxi.
生病了就不要太累了，多休息休息。
병이 나면 너무 무리하지 말고, 많이 　.

4
Dàifu, zhège yào zěnme chī?
大夫，这个药怎么吃?　선생님, 이 약은 　먹나요?

Yì tiān sān cì, fàn hòu chī.
一天三次，饭后吃。　하루에 　, 식사 후에 먹어요.

1 녹음을 듣고, 사진 아래에 알맞은 한어병음을 쓰세요. 〔09-05〕

❶

❷

❸

_____

_____

_____

2 사진을 보고, 사진과 문장이 일치하면 ○표, 일치하지 않으면 ✕표 하세요.

❶ Wǒmen yào bāngzhù xīn tóngxué.
我们要帮助新同学。

❷ Wǒ zuò gōnggòng qìchē qù shàngbān.
我坐公共汽车去上班。

3 빈칸에 들어갈 알맞은 한자를 아래에서 골라 문장을 완성하세요.

> 帮助　累　找　每天　告诉

❶

今	天	我	有	点	儿		累	。			
Jīntiān		wǒ		yǒu diǎnr			lèi	.			

오늘 나는 조금 피곤해요.

❷

同	事	们	给	我	很	多		帮助	。
Tóngshìmen			gěi	wǒ	hěn	duō		bāngzhù	.

동료들이 나에게 많은 도움을 주었어요.

❸

我	哥	哥	找	到	新	工	作	了	。
Wǒ	gēge		zhǎodào		xīn	gōngzuò		le	.

우리 형은 새로운 일을 찾았어요.

❹

我	姐	姐	每天	七	点	上	班	。
Wǒ	jiějie		měitiān	qī	diǎn	shàngbān		.

우리 언니는 매일 7시에 출근해요.

❺

朋	友	告诉	我	一	件	事	儿	。
Péngyou		gàosu	wǒ	yí	jiàn	shìr		.

친구가 나에게 한 가지 일을 알려 주었어요.

10
날씨

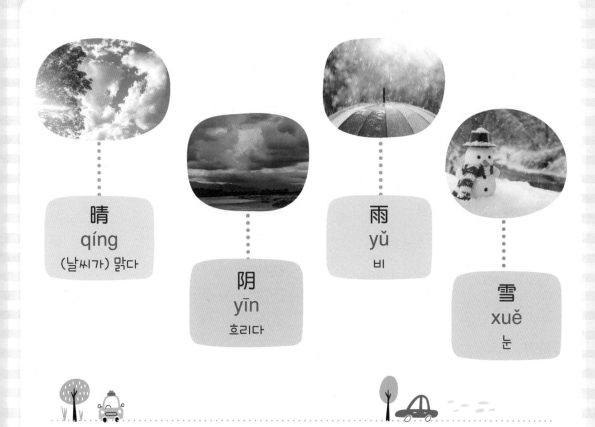

晴
qíng
(날씨가) 맑다

阴
yīn
흐리다

雨
yǔ
비

雪
xuě
눈

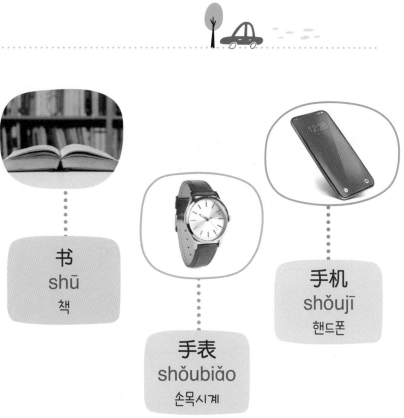

报纸
bàozhǐ
신문

书
shū
책

手表
shǒubiǎo
손목시계

手机
shǒujī
핸드폰

晴 qíng 형 (날씨가) 맑다

阴 yīn 형 흐리다

雪 xuě 명 눈

最 zuì 부 가장, 제일

希望 xīwàng 동 희망하다

觉得 juéde 동 ~라고 생각하다

生日 shēngrì 명 생일

快乐 kuàilè 형 즐겁다, 유쾌하다

手表 shǒubiǎo 명 손목시계

手机 shǒujī 명 핸드폰

送 sòng
동 보내다, 배웅하다, 선물하다

笑 xiào 동 웃다

报纸 bàozhǐ 명 신문

어법단어

因为……所以…… yīnwèi……suǒyǐ…… 접 ~하기 때문에 ~하다

可能 kěnéng 부 아마도

• 녹음을 듣고 순서에 맞게 A~D를 쓰고, 한자를 따라 쓰세요. 10-02

❶
juéde

❷
xīwàng

❸
sòng

❹
xiào

단어 다시보기

10-03

1 두 단어의 일부를 합쳐서 만들어진 새 단어의 한어병음을 쓰세요.

❶

| 下雨
xià yǔ
비가 내리다 | + | 雪
xuě
눈 | → | 下雪
＿＿＿＿＿＿＿＿＿＿
눈이 내리다 |

❷

| 洗
xǐ
씻다 | + | 手表
shǒubiǎo
손목시계 | → | 洗手
＿＿＿＿＿＿＿＿＿＿
손을 씻다 |

❸

| 晴
qíng
맑다 | + | 今天
jīntiān
오늘 | → | 晴天
＿＿＿＿＿＿＿＿＿＿
맑은 날 |

❹

| 开始
kāishǐ
시작하다 | + | 玩
wán
놀다 | + | 笑
xiào
웃다 | → | 开玩笑
＿＿＿＿＿＿＿＿＿＿
농담을 하다 |

2 각 단어에서 한자 '手(扌)'를 찾아 보세요.

手表   手机   报纸

1 因为⋯⋯所以⋯⋯ yīnwèi ⋯⋯ suǒyǐ ⋯⋯ '～하기 때문에 그래서 ～하다'라는 뜻으로, '因为(yīnwèi)'는 원인을, '所以(suǒyǐ)'는 결과를 나타내는 두 문장을 연결합니다.

Yīnwèi tiānqì fēicháng lěng, suǒyǐ wǒ méi qù yóuyǒng.
因为天气非常冷，所以我没去游泳。
날씨가 매우 춥기 때문에 나는 수영하러 가지 않았어요.

Yīnwèi lùshang chē tài duō, suǒyǐ wǒ láiwǎn le.
因为路上车太多，所以我来晚了。
길에 차가 너무 많아서 제가 늦었어요.

2 可能 kěnéng '아마도, 아마 (～일지도 모른다)'라는 뜻으로, 추측할 때 사용합니다.

Míngtiān kěnéng huì xià xuě.
明天可能会下雪。
내일은 아마도 눈이 올 것 같아요.

Tā kěnéng jīntiān bù lái.
他可能今天不来。
그는 아마 오늘 오지 않을 거야.

• 단어의 뜻을 생각하며, 빈칸을 알맞게 채우세요.

①
Shēngrì kuàilè, zhè shì sòng gěi nǐ de
生日快乐，这是送给你的。 _____ . 이건 너에게 주는 거야.

Xièxie nǐ, zhè shì wǒ xiǎng yào de nà kuài shǒubiǎo!
谢谢你，这是我想要的那块手表！
고마워요. 이건 제가 원하던 그 _____ 예요!

②
Wǒ juéde hěn lěng, duō chuān diǎnr yīfu ba.
我觉得很冷，多穿点儿衣服吧。 진짜 추워. _____ 을 좀 더 입어.

Hǎo de, nà wǒ chuān xīn mǎi de dàyī.
好的，那我穿新买的大衣。 알았어. 그럼 나 _____ 외투를 입을래.

③
Zhè shì jīntiān de bàozhǐ, wǒ xīwàng nǐ néng kànkan zhè ge xīnwén.
这是今天的报纸，我希望你能看看这个新闻。
이건 오늘 _____ 이야. 나는 네가 이 뉴스를 보면 좋겠어.

*新闻 xīnwén 뉴스 [3급 단어]

Zhīdào le bàba.
知道了爸爸。 _____ , 아빠.

④
Běijīng shénme shíhou zuì lěng?
北京什么时候最冷？ 베이징은 언제 _____ 추워?

Měinián yī yuè zuì lěng.
每年一月最冷。 _____ 1월이 제일 추워.

1 녹음을 듣고, 요일의 날씨를 다이어리에 한글로 적어 주세요. 10-05

星期天	星期一	星期二	星期三	星期四	星期五	星期六
맑음		비	흐림		눈	

2 사진을 보고, 사진과 문장이 일치하면 O표, 일치하지 않으면 ×표 하세요.

❶ Zhè shì shéi de shǒujī?
这是谁的手机?

❷ Shēngrì kuàilè!
生日快乐!

3 빈칸에 들어갈 알맞은 한자를 아래에서 골라 문장을 완성하세요.

> 早上　　觉得　　笑　　送　　外面

❶

		下	大	雪	了	！		
Wàimiàn		xià		dàxuě		le	！	

밖에 눈이 많이 와요!

❷

老	师	每	天		看	报	纸	。
Lǎoshī		měitiān		zǎoshang	kàn		bàozhǐ	.

선생님은 매일 아침 신문을 봅니다.

❸

这	个	手	表	是		给	我	的	吗	？
Zhège		shǒubiǎo		shì	sòng	gěi		wǒ	de	ma	？

이 손목시계 저에게 주시는 거예요?

❹

我		那	个	手	机	非	常	贵	。
Wǒ	juéde	nàge		shǒujī		fēicháng		guì	.

나는 그 핸드폰이 매우 비싸다고 생각해요.

❺

我	弟	弟		的	时	候	最	可	爱	。
Wǒ	dìdi		xiào	de	shíhou		zuì	kě'ài		.

내 남동생은 웃을 때가 제일 귀여워요.

*可爱 kě'ài 귀엽다 [3급 단어]

HSK 2급 문제 유형

HSK 2급은 총 60문제로 듣기, 독해 두 영역으로 나뉩니다.
듣기, 독해 영역 각각 4가지 유형으로 문제가 출제되며, 듣기 35문항, 독해 25문항이 출제됩니다.
문제의 유형을 잘 파악하고, 실전 문제를 풀어 보며 실력을 다져 보세요.

★ 자주 출제되는 사진들을 익혀 보세요.

	제1부분	10문항	
듣기	제2부분	10문항	총 35문항
	제3부분	10문항	
	제4부분	5문항	
독해	제1부분	5문항	총 25문항
	제2부분	5문항	
	제3부분	5문항	
	제4부분	10문항	

01 듣기 제1부분

 쏙쏙! 문제 유형

❋ 녹음을 듣고 내용이 사진과 일치하는가를 판단하는 문제입니다.

❋ 듣기 제1부분은 제1번~제10번 문항에 해당하며 총 10문항이 출제됩니다.

❋ 문제마다 주어진 한 장의 사진을 보고 녹음과 일치하면 ✓를, 일치하지 않으면 ✕를 표시합니다.

❋ 녹음은 짧은 문장으로 이루어져 있으며, 두 번씩 들려줍니다.

녹음

Wǒmen jiā yǒu sān ge rén.
1. 我们 家 有 三 个 人。

Wǒ měitiān zuò gōnggòng qìchē qù shàngbān.
2. 我 每天 坐 公共汽车 去 上班。

1.		✓
2.		✕

콕콕! 풀이 꿀팁

➡ 녹음이 나오기 전에 제시된 사진을 재빨리 살펴보고, 내용을 예상하면서 녹음을 듣습니다.

➡ 대상, 동작, 사물, 시간, 장소 등을 설명하는 핵심 단어를 파악하고 사진과 일치하는지 판단합니다.

➡ 모든 녹음은 두 번 반복하여 들려주므로, 두 번째 녹음까지 침착하게 듣고 정답을 체크합니다.

第 1-5 题　11-01

1.		
2.		
3.		
4.		
5.		

02 듣기 제2부분

쏙쏙! 문제 유형

✿ 녹음을 듣고 남녀의 대화 내용과 일치하는 사진을 고르는 문제입니다.

✿ 듣기 제2부분은 제11번~제20번 문항에 해당하며 5문항씩 2세트, 총 10문항이 출제됩니다.

✿ 예제의 정답을 제외하고 5장의 사진과 5개의 문제가 한 세트입니다. 녹음과 일치하는 사진의 알파벳을 찾아 네모 칸에 적습니다.

✿ 녹음은 남녀가 한 번씩 주고받는 대화로 이루어져 있으며, 두 번씩 들려줍니다.

콕콕! 풀이 꿀팁

➜ 녹음이 나오기 전에 제시된 사진을 재빨리 살펴보고, 남녀의 대화에서 나올 수 있는 상황을 예상하면서 녹음을 듣습니다.

➜ 정답을 확신할 수 없을 때는 다른 문제를 먼저 풀고, 남은 선택지를 고르는 '소거법'을 씁니다.

第 11-15 題　（12-01）

A

B

C

D

E

11.   □

12.   □

13.   □

14.   □

15.   □

03 듣기 제3부분

🧄 **쏙쏙! 문제 유형**

❋ 남녀의 대화를 듣고 제시된 3개의 선택지 중 질문에 맞는 답을 고르는 문제입니다.

❋ 듣기 제3부분은 제21번~제30번 문항에 해당하며 총 10문항이 출제됩니다.

❋ 녹음은 남녀가 한 번씩 주고받는 대화와 질문으로 이루어져 있으며, 두 번씩 들려줍니다.

녹음

例如: 男: XiǎoWáng, zhèli yǒu jǐ ge bēizi, nǎge shì nǐ de?
小 王, 这里 有 几 个 杯子, 哪个 是 你 的?

女: Zuǒbian nàge hóngsè de shì wǒ de.
左边 那个 红色 的 是 我 的。

问: XiǎoWáng de bēizi shì shénme yánsè de?
小 王 的 杯子 是 什么 颜色 的?

21. A 红色 ✓ hóngsè	B 黑色 hēisè	C 白色 báisè

 콕콕! 풀이 꿀팁

➜ 녹음이 나오기 전에 A~C 3개의 선택지를 재빨리 살펴보고, 질문 내용을 예상하면서 녹음을 듣습니다.

➜ 남녀의 대화를 잘 구분해서 듣고, 핵심 내용을 메모해 두세요.

➜ 질문은 의문사가 있는 의문문으로 출제되니, 의문사를 주의해서 들으세요.

➜ 질문에서 요구하는 것이 '장소(哪儿, 哪里)'인지, '사람(谁)'인지, '사물(什么)'인지, '수량(几, 多少)'인지 등을 판단하여 정답을 찾아야 합니다.

第 21-25 题 13-01

21.   A   10 个 小时   B   14 个 小时   C   24 个 小时

22.   A   机场   B   火车站   C   北京

23.   A   杯子   B   椅子   C   桌子

24.   A   都 错 了   B   考 得 好   C   考 得 不 好

25.   A   黑 的   B   白 的   C   红 的

04 듣기 제4부분

 쏙쏙! 문제 유형

✤ 남녀의 대화를 듣고 제시된 3개의 선택지 중 질문에 맞는 답을 고르는 문제입니다.

✤ 듣기 제4부분은 제31번~제35번 문항에 해당하며 총 5문항이 출제됩니다.

✤ 녹음은 남녀가 두 번씩 주고받는 대화와 질문으로 이루어져 있으며, 두 번씩 들려줍니다.

녹음

例如:
　　　　 Qǐng zài　zhèr　xiě　nín　de　míngzi.
女: 请 在 这儿 写 您 的 名字。

　　　 Shì　zhèr　ma?
男: 是 这儿 吗?

　　　 Bú shì,　shì　zhèr.
女: 不 是, 是 这儿。

　　 Hǎo, xièxie.
男: 好, 谢谢。

　　 Nán de　yào　xiě shénme?
问: 男 的 要 写 什么?

　　　 míngzi　　　　　　　　 shíjiān　　　　　　　　 wèntí
31.　A 名字 ✓　　　　　　 B 时间　　　　　　　 C 问题

 콕콕! 풀이 꿀팁

➜ 녹음이 나오기 전에 A~C 3개의 선택지를 재빨리 살펴보고, 질문 내용을 예상하면서 녹음을 듣습니다.

➜ 듣기 제3부분의 대화보다 길어진 대화이므로 끝까지 집중해서 들어야 합니다.

➜ 남자에게 해당하는 정보와 여자에게 해당하는 정보를 구분해서 기억해야 합니다.

➜ 듣기 영역 시험이 모두 끝나면 따로 주어지는 답안지 마킹 시간(3분)에 답을 옮겨 적습니다.

第 31-35 题　◀14-01▶

31.　A 房间 很 大
　　　fángjiān hěn dà

　　　B 房间 很 小
　　　fángjiān hěn xiǎo

　　　C 房间 不 好
　　　fángjiān bù hǎo

32.　A 学校
　　　xuéxiào

　　　B 商店
　　　shāngdiàn

　　　C 医院
　　　yīyuàn

33.　A 3点 50分
　　　diǎn fēn

　　　B 4点
　　　diǎn

　　　C 4点 10分
　　　diǎn fēn

34.　A 还 要 工作
　　　hái yào gōngzuò

　　　B 还 要 学习
　　　hái yào xuéxí

　　　C 还 要 休息
　　　hái yào xiūxi

35.　A 好看
　　　hǎokàn

　　　B 很 贵
　　　hěn guì

　　　C 想 买 一 块
　　　xiǎng mǎi yí kuài

1 녹음을 듣고 빈칸에 알맞은 한어병음을 쓰세요. ◀14-02▶

Bàba, jīntiān de ▭▭▭▭ zài zhèr.

❶ 爸爸，今天的报纸在这儿。

Nǐ zěnme ▭▭▭▭ méi qǐchuáng?

❷ 你怎么还没起床？

Mànmàn lái, ▭▭▭▭ xiě ba!

❸ 慢慢来，再写吧!

Wǒmen de ▭▭▭▭ zài nǎr?

❹ 我们的车票在哪儿？

Túshūguǎn èrshísì xiǎoshí ▭▭▭▭, chīwán fàn zǒu ba.

❺ 图书馆24小时开着，吃完饭走吧。

Wǒmen ▭▭▭▭ wǔ ge rén, ▭▭▭▭ yí ge yǐzi.

❻ 我们有五个人，少一个椅子。

▭▭▭▭ lí huǒchēzhàn yǒu diǎnr yuǎn, dànshì fángjiān hěn dà.

❼ 听说离火车站有点儿远，但是房间很大。

Cóng jīntiān ▭▭▭▭, zhōngwǔ bú yào chī ▭▭▭▭.

❽ 从今天开始，中午不要吃药。

▭▭▭▭, diànyǐng shí ▭▭▭▭ hòu kāishǐ.

❾ 没问题，电影10分钟后开始。

Yǒu diǎnr guì, ▭▭▭▭, xiànzài wǒ méiyǒu qián.

❿ 有点儿贵，两千五百块，现在我没有钱。

2 녹음을 듣고 빈칸에 알맞은 한자를 쓰세요. ◀14-03▶

Wǒ gàosu nǐ yí jiàn shìr.

❶ 我告诉你一　　　　　　　事儿。

Bàba zhèngzài hē kāfēi ne.

❷ 爸爸　　　　　　喝咖啡　　　　　　　。

Tāmen tiào de hěn piàoliang, nǐ de nǚpéngyou shì shéi?

❸ 她们跳　　　　　　很漂亮，你的女朋友是谁？

Nǐ yǒu méiyǒu shíjiān hé wǒ hē bēi chá?

❹ 你有没有　　　　　　和我喝杯茶？

Túshūguǎn kāi jǐ ge xiǎoshí?

❺ 图书馆开几个　　　　　　？

Cóng Běijīng lái de fēijī yǐjīng dào le.

❻ 　　　　　　北京来的飞机已经到了。

Wǒ xiǎng hē diǎnr kāfēi, jiāli háiyǒu ma?

❼ 我　　　　　　喝点儿咖啡，家里还有吗？

Děngdeng, gěi nín sòng guòlai.

❽ 等等，　　　　　　您送过来。

Nà yì tiān chī liǎng cì ma? Zǎoshang、wǎnshang.

❾ 那一天吃　　　　　　次吗？早上、晚上。

Bù hǎoyìsi, zài děng wǔ fēnzhōng kěyǐ ma?

❿ 　　　　　　，再等5分钟可以吗？

第一部分

第 1-10 题

例如:		✓
		✕
1.		
2.		
3.		
4.		
5.		

6.		
7.		
8.		
9.		
10.		

第二部分

第 11-15 题

例如: 男: Nǐ xǐhuan shénme yùndòng?
你 喜欢 什么 运动?

女: Wǒ zuì xǐhuan tī zúqiú.
我 最 喜欢 踢 足球。 | D |

11. ☐

12. ☐

13. ☐

14. ☐

15. ☐

第 16-20 題

A

B

C

D

E

16. ☐

17. ☐

18. ☐

19. ☐

20. ☐

第三部分

第 21-30 题

例如：男：<ruby>小<rt>Xiǎo</rt></ruby> <ruby>王<rt>Wáng</rt></ruby>，<ruby>这<rt>zhè</rt></ruby><ruby>里<rt>li</rt></ruby> <ruby>有<rt>yǒu</rt></ruby> <ruby>几<rt>jǐ</rt></ruby> <ruby>个<rt>ge</rt></ruby> <ruby>杯<rt>bēi</rt></ruby><ruby>子<rt>zi</rt></ruby>，<ruby>哪<rt>nǎ</rt></ruby><ruby>个<rt>ge</rt></ruby> <ruby>是<rt>shì</rt></ruby> <ruby>你<rt>nǐ</rt></ruby> <ruby>的<rt>de</rt></ruby>?

女：<ruby>左<rt>Zuǒ</rt></ruby><ruby>边<rt>bian</rt></ruby> <ruby>那<rt>nàge</rt></ruby><ruby>个<rt></rt></ruby> <ruby>红<rt>hóng</rt></ruby><ruby>色<rt>sè</rt></ruby> <ruby>的<rt>de</rt></ruby> <ruby>是<rt>shì</rt></ruby> <ruby>我<rt>wǒ</rt></ruby> <ruby>的<rt>de</rt></ruby>。

问：<ruby>小<rt>Xiǎo</rt></ruby> <ruby>王<rt>Wáng</rt></ruby> <ruby>的<rt>de</rt></ruby> <ruby>杯<rt>bēi</rt></ruby><ruby>子<rt>zi</rt></ruby> <ruby>是<rt>shì</rt></ruby> <ruby>什<rt>shén</rt></ruby><ruby>么<rt>me</rt></ruby> <ruby>颜<rt>yán</rt></ruby><ruby>色<rt>sè</rt></ruby> <ruby>的<rt>de</rt></ruby>?

A <ruby>红色<rt>hóngsè</rt></ruby> ✓	B <ruby>黑色<rt>hēisè</rt></ruby>	C <ruby>白色<rt>báisè</rt></ruby>

21. A 1<ruby>月<rt>yuè</rt></ruby>1<ruby>号<rt>hào</rt></ruby>　　B 5<ruby>月<rt>yuè</rt></ruby>1<ruby>号<rt>hào</rt></ruby>　　C 10<ruby>月<rt>yuè</rt></ruby>1<ruby>号<rt>hào</rt></ruby>

22. A <ruby>没有<rt>méiyǒu</rt></ruby>　　B <ruby>一 两 次<rt>yì liǎng cì</rt></ruby>　　C <ruby>每天<rt>měitiān</rt></ruby>

23. A <ruby>面包<rt>miànbāo</rt></ruby>　　B <ruby>鸡蛋<rt>jīdàn</rt></ruby>　　C <ruby>羊肉<rt>yángròu</rt></ruby>

24. A <ruby>妈妈<rt>māma</rt></ruby>　　B <ruby>儿子<rt>érzi</rt></ruby>　　C <ruby>女儿<rt>nǚ'ér</rt></ruby>

25. A <ruby>图书馆<rt>túshūguǎn</rt></ruby>　　B <ruby>茶馆<rt>cháguǎn</rt></ruby>　　C <ruby>咖啡馆<rt>kāfēiguǎn</rt></ruby>

26. A <ruby>去年<rt>qùnián</rt></ruby>　　B <ruby>今年<rt>jīnnián</rt></ruby>　　C <ruby>明年<rt>míngnián</rt></ruby>

27. A <ruby>不 好<rt>bù hǎo</rt></ruby>　　B <ruby>不 便宜<rt>bù piányi</rt></ruby>　　C <ruby>很 漂亮<rt>hěn piàoliang</rt></ruby>

28. A <ruby>很 少<rt>hěn shǎo</rt></ruby>　　B <ruby>不 多<rt>bù duō</rt></ruby>　　C <ruby>很 多<rt>hěn duō</rt></ruby>

29. A <ruby>考好 了<rt>kǎohǎo le</rt></ruby>　　B <ruby>上学 了<rt>shàngxué le</rt></ruby>　　C <ruby>找 工作 了<rt>zhǎo gōngzuò le</rt></ruby>

30. A <ruby>找到 了<rt>zhǎodào le</rt></ruby>　　B <ruby>找不到 了<rt>zhǎobudào le</rt></ruby>　　C <ruby>准备 好 了<rt>zhǔnbèi hǎo le</rt></ruby>

第四部分

第 31-35 题

例如：
女：
Qǐng zài zhèr xiě nín de míngzi.
请 在 这儿 写 您 的 名字。

男：
Shì zhèr ma?
是 这儿 吗？

女：
Bú shì, shì zhèr.
不 是，是 这儿。

男：
Hǎo, xièxie.
好，谢谢。

问：
Nán de yào xiě shénme?
男 的 要 写 什么？

| míngzi
A 名字 ✓ | shíjiān
B 时间 | wèntí
C 问题 |

31.
| bàba
A 爸爸 | māma
B 妈妈 | nǚ'ér
C 女儿 |

32.
| qù lǚyóu
A 去 旅游 | mǎi jīpiào
B 买 机票 | sòng bàba
C 送 爸爸 |

33.
| yào zhǔnbèi kǎoshì
A 要 准备 考试 | xiǎng kàn Zhōngguó diànyǐng
B 想 看 中国 电影 |

xiǎng jiàn Zhōngguó péngyǒu
C 想 见 中国 朋友

34.
| mǎi shū
A 买 书 | mǎi shǒujī
B 买 手机 | mǎi ménpiào
C 买 门票 |

35.
| báisè piányi
A 白色 便宜 | xǐhuan báisè
B 喜欢 白色 | bù xǐhuan hēisè
C 不 喜欢 黑色 |

06 독해 제1부분

 쏙쏙! 문제 유형

* 제시된 문장과 관련 있는 사진을 고르는 문제입니다.

* 독해 제1부분은 제36번~제40번 문항에 해당하며 총 5문항이 출제됩니다.

* 예제의 정답을 제외하고 5장의 사진과 5개의 문장이 제시됩니다. 문장을 읽고 관련 있는 사진의 알파벳 기호를 각 문장 옆 네모 칸에 적습니다.

예제

A

B

C

D

E

F

Měi ge xīngqīliù, wǒ dōu qù dǎ lánqiú.
36. 每 个 星期六，我 都 去 打 篮球。 D

 콕콕! 풀이 꿀팁

➜ 비교적 짧은 문장으로, 문장 속 핵심어를 찾으면 관련 있는 사진을 쉽게 찾을 수 있습니다.

➜ 잘 알아보기 어려운 사진이나, 해석하기 어려운 문장이 있을 수 있어요. 정답이 확실한 문제부터 풀고, 남아 있는 사진과 문장을 연결하세요.

➜ 독해 영역은 답안지 마킹 시간이 따로 주어지지 않으므로 답안지에 바로 답을 표시합니다.

第 36-40 题

A

B

C

D

E

36.
Xiànzài chē duō, háiyǒu fēnzhōng jiù néng dào.
现在 车 多，还有 5 分钟 就 能 到。

37.
Qù Běijīng de jīpiào bǐ shàng ge xīngqī piányi le kuàiqián.
去 北京 的 机票 比 上个 星期 便宜 了 100 块钱。

38.
Xià xuě le, wǒmen chūqù wánr ba.
下 雪 了，我们 出去 玩儿 吧。

39.
Xiǎojiě, nín de kāfēi hǎo le.
小姐，您 的 咖啡 好 了。

40.
Zhège diànyǐng wǒ kànguo, hěn yǒu yìsi.
这个 电影 我 看过，很 有 意思。

07 독해 제2부분

쏙쏙! 문제 유형

❀ 빈칸에 들어갈 알맞은 단어를 선택지에서 고르는 문제입니다.

❀ 독해 제2부분은 제41번~제45번 문항에 해당하며 총 5문항이 출제됩니다.

❀ 제41번~제44번은 단문이고, 제45번은 대화문입니다.

예제

jiějie	gōngsī	fúwùyuán	bǐ	guì	cháng
A 姐姐	B 公司	C 服务员	D 比	E 贵	F 长

Zhèr de yángròu hěn hǎochī, dànshì yě hěn
41.　这儿 的　羊肉　很　好吃，但是 也 很（ E ）。

콕콕! 풀이 꿀팁

➡ 선택지에 주어진 단어를 보고 각각의 의미를 떠올려 봅니다.

➡ 빈칸의 앞뒤에 있는 단어를 확인하고, 빈칸에 어떤 단어가 들어가야 의미상 어울리는지 찾으세요.

➡ 평소 어법 지식을 익혀두면 더 쉽고 빠르게 풀 수 있는 문제 유형입니다.

➡ 선택지 중 모르는 단어가 있더라도 당황하지 말고, 정답이 확실한 문제부터 풀고 남아 있는 선택지를 고르세요.

第 41-45 题

jièshào   wèn   shēntǐ   juéde   ràng

A 介绍　　B 问　　C 身体　　D 觉得　　E 让

Wǒ　　　　jīntiān wǎnshang huì xià yǔ de.
41. 我 （　　　） 今天 晚上 会 下 雨 的。

Tā shì wǒ tóngxué, wǒ lái gěi nǐmen　　　yíxià.
42. 他 是 我 同学，我 来 给 你们 （　　　） 一下。

Wǒ xiǎng　　　nǐ yí ge wèntí.
43. 我 想 （　　　） 你 一 个 问题。

háizi zǎo diǎnr shuìjiào.
44. （　　　） 孩子 早 点儿 睡觉。

Zhè liǎngtiān kāfēi hē de tài duō le.
45. 男：这 两天 咖啡 喝 得 太 多 了。

Hē tài duō duì　　　bù hǎo.
　　女：喝 太 多 对 （　　　） 不 好。

08 독해 제3부분

쏙쏙! 문제 유형

✿ 긴 문장과 짧은 문장으로 짝 지워진 두 문장을 읽고, 위의 지문의 내용에 근거하여 아래의 ★표가 붙은 문장이 옳은지 그른지를 판단하는 문제입니다.

✿ 독해 제3부분은 제46번~제50번 문항에 해당하며 총 5문항이 출제됩니다.

✿ 옳으면 √, 옳지 않으면 ×를 ★표가 붙은 문장의 오른쪽 빈칸에 표시합니다.

예제

46.
Xiànzài shì diǎn fēn, tāmen yǐjīng yóule fēnzhōng le.
现在 是 11点 30分, 他们 已经 游了 20 分钟 了。

Tāmen diǎn fēn kāishǐ yóuyǒng.
★ 他们 11点 10分 开始 游泳。　　　　　　(√)

47.
Wǒ huì tiàowǔ, dàn tiào de bù zěnmeyàng.
我 会 跳舞, 但 跳 得 不 怎么样。

Wǒ tiào de fēicháng hǎo.
★ 我 跳 得 非常 好。　　　　　　(×)

 콕콕! 풀이 꿀팁

➡ 긴 문장의 핵심 내용을 정확히 파악해야 ★표가 붙은 문장의 옳고 그름을 판단할 수 있습니다.

➡ '누가', '무엇을', '어떻게'에 집중해서 문장을 해석하세요.

➡ 위의 지문과 ★표 붙은 문장에 같은 단어가 있다고 해서 무조건 √는 아니니 주의하세요.

➡ 시간, 수치 등 간단한 계산이 필요한 문제가 출제되기도 해요.

第 46-50 题

46. Wǒ māma měitiān zǎoshang fēicháng máng, pǎobù, zuòfàn, sòng wǒmen qù xuéxiào,
我 妈妈 每天 早上 非常 忙,跑步、做饭、送 我们 去 学校、
shàngbān, suǒyǐ zǎoshang qǐ de hěn zǎo.
上班,所以 早上 起 得 很 早。

Māma wǎnshang shuì de hěn zǎo.
★ 妈妈 晚上 睡得 很 早。　　　　　　　　（　　　）

47. Wàimian hěn lěng, tīngshuō wǎnshang huì xià xuě de, nǐ yào duō chuān diǎnr yīfu.
外面 很 冷,听说 晚上 会 下雪 的,你 要 多 穿 点儿 衣服。

Xiànzài wàimiàn xià xuě.
★ 现在 外面 下 雪。　　　　　　　　（　　　）

48. Wǒ jīnnián suì le, gēge bǐ wǒ dà sān suì, jiějie bǐ gēge xiǎo yí suì.
我 今年 18 岁了,哥哥 比 我 大 三 岁,姐姐 比 哥哥 小 一 岁。

Shuōhuàrén jiějie jīnnián suì le.
★ 说话人 姐姐 今年 20 岁了。　　　　　　　　（　　　）

49. Suīrán tā zuò cài hěn hǎochī dànshì zhège yuè gōngzuò tài máng, tā hěn shǎo zuò.
虽然 他 做 菜 很 好吃,但是 这个 月 工作 太 忙,他 很 少 做。

Tā měitiān zuò cài chī.
★ 他 每天 做 菜 吃。　　　　　　　　（　　　）

50. Yīnwèi hóngsè shì wǒ zuì bù xǐhuan de yánsè, suǒyǐ wǒ hóngsè de dōngxi
因为 红色 是 我 最 不 喜欢 的 颜色,所以 我 红色 的 东西
hěn shǎo, diànnǎo, shǒujī, shǒubiǎo dōu shì báisè de.
很 少,电脑、手机、手表 都 是 白色 的。

Shuōhuàrén shǒujī shì báisè de.
★ 说话人 手机 是 白色 的。　　　　　　　　（　　　）

09 독해 제4부분

❋ 두 문장씩 알맞게 짝을 지어 대화를 완성하는 문제입니다.

❋ 독해 제4부분은 제51번~제60번 문항에 해당하며 5문항씩 2세트, 총 10문항이 출제됩니다.

❋ 제시문의 앞이나 뒤에 올 수 있는 문장을 선택지 A~E에서 찾아 해당하는 알파벳 기호를 네모 칸 안에 적습니다.

예제

　　　Wǒ lái jièshào yíxià, zhè shì wǒ qīzi.
A 我 来 介绍 一下，这 是 我 妻子。

　Tóngxuémen jīntiān de kè jiù shàng dào zhèli, xià kè!
B 同学们，今天 的 课 就 上 到 这里，下课！

　　　Zhè běn shū, wǒ juéde hěn hǎokàn, zhè shì shéi xiě de?
C 这 本 书，我 觉得 很 好看，这 是 谁 写 的?

　　　Bàba zěnme hái méi qǐchuáng?
D 爸爸 怎么 还 没 起床?

　　　Tā zài nǎr ne? Nǐ kànjiàn tā le ma?
E 他 在 哪儿 呢? 你 看见 他 了 吗?

　　　Jīntiān wǎnfàn xiǎng chī shénme?
F 今天 晚饭 想 吃 什么?

　　　　Tā hái zài jiàoshì li xuéxí.
51. 他 还 在 教室 里 学习。　　　　E

➡ 각 문장 속 의문사는 중요한 단서를 제공하므로 먼저 의문사를 확인합니다.

➡ 원인과 결과, 질문과 대답처럼 의미상 서로 연결되는 문장끼리 짝을 지으세요.

➡ 선택지 A~E가 두 문제 이상의 정답이 되거나 정답으로 선택되지 않는 경우는 없습니다.

第 51-55 题

A
Bù hǎoyìsi, wǒ zǒucuò lù le, suǒyǐ lái wǎn le.
不 好意思，我 走错 路 了，所以 来 晚 了。

B
Shì shéi zhǎo wǒ ne?
是 谁 找 我 呢?

C
Bú tài yuǎn, zuò fēijī liǎng ge bàn xiǎoshí.
不太 远，坐 飞机 两 个 半 小时。

D
Tā xiànzài bú zài, děng tā huílái gěi nín huí ge diànhuà ba.
她 现在 不 在，等 她 回来 给 您 回 个 电话 吧。

E
Nǐ lái Zhōngguó duō cháng shíjiān le?
你 来 中国 多 长 时间 了?

51.
Cóng Běijīng dào Shànghǎi yuǎn ma?
从 北京 到 上海 远 吗?

52.
Wǒ shì qùnián bā yuè lái de, yǐjīng yì nián duō le.
我 是 去年 八月 来 的，已经 一 年 多 了。

53.
Méi guānxi, qǐng zuò.
没 关系，请 坐。

54.
Wéi, Míngmíng lǎoshī zài ma?
喂，明明 老师 在 吗?

55.
Yīfu shang xiězhe "Wǒ xǐhuan Zhōngguó" de nǚ háizi.
衣服 上 写着 "我 喜欢 中国" 的 女孩子。

1 녹음을 듣고 빈칸에 알맞은 한어병음을 쓰세요. ◀16-01▶

Xiǎojiě, nín de kāfēi _____.

❶ 小姐，您的咖啡好了。

_____ diànyǐng wǒ kànguo, hěn yǒu yìsi.

❷ 这个电影我看过，很有意思。

_____ hěn lěng, tīngshuō wǎnshang huì xià xuě.

❸ 外面很冷，听说晚上会下雪。

Zhèr de yángròu hěn _____, dànshì yě hěn guì.

❹ 这儿的羊肉很好吃，但是也很贵。

Bàba zěnme hái méi _____?

❺ 爸爸怎么还没起床？

Tā xiànzài bú zài, děng tā huílái _____ huí ge diànhuà ba.

❻ 她现在不在，等她回来给您回个电话吧。

Wǒ huì _____, dàn tiào de bù zěnmeyàng.

❼ 我会跳舞，但跳得不怎么样。

Měi ge xīngqīliù, wǒ dōu qù _____.

❽ 每个星期六，我都去打篮球。

Wǒ xiǎng wèn nǐ yí ge _____.

❾ 我想问你一个问题。

Yīfu shang _____ "Wǒ xǐhuan Zhōngguó"de nǚ háizi.

❿ 衣服上写着"我喜欢中国"的女孩子。

2 녹음을 듣고 빈칸에 알맞은 한자를 쓰세요. 16-02

Xiànzài chē duō, wǔ fēnzhōng hòu dào.

❶ 现在车多，5分钟后 _____ 。

Xià xuě le, wǒmen chūqù wánr ba.

❷ 下雪了，我们出去 _____ 吧。

Tā shì wǒ tóngxué, wǒ lái gěi nǐmen jièshào yíxià.

❸ 他是我同学，我来 _____ 你们介绍一下。

Nǐ yào duō chuān diǎnr yīfu.

❹ 你要多 _____ 点儿衣服。

Māma wǎnshang shuì de hěn zǎo.

❺ 妈妈晚上睡得很 _____ 。

Diànnǎo、shǒujī、shǒubiǎo dōu shì báisè de.

❻ 电脑、手机、手表都是 _____ 的。

Bú tài yuǎn, zuò fēijī liǎng ge bàn xiǎoshí.

❼ 不太远，坐飞机 _____ 小时。

Tóngxuémen, jīntiān de kè jiù shàng dào zhèli, xiàkè!

❽ 同学们，今天的课就上到 _____ ，下课!

Wǒ shì qùnián bā yuè lái de, yǐjīng yì nián duō le.

❾ 我是去年八月来的， _____ 一年多了。

Yīnwèi hóngsè shì wǒ zuì bù xǐhuan de yánsè, suǒyǐ wǒ hóngsè de dōngxi hěn shǎo.

❿ 因为红色是我最不喜欢的颜色， _____ 我红色的东西很少。

第一部分

第 36-40 题

A

B

C

D

E

F

Měi ge xīngqīliù, wǒ dōu qù dǎ lánqiú.
例如: 每 个 星期六, 我 都 去 打 篮球。　　　D

Yào chīwán le, jīntiān hái yào qù kànbìng.
36. 药 吃完 了, 今天 还 要 去 看病。

Wǒ lái jièshào yíxià, tā shì cóng Zhōngguó lái de xīn tóngxué.
37. 我 来 介绍 一下, 她 是 从 中国 来 的 新 同学。

Wǒmen jiā de yángròu hěn hǎochī, qǐng jìn.
38. 我们 家 的 羊肉 很 好吃, 请 进。

Wǒ mǎile sān ge bēizi, nǐ yào nǎ yí ge?
39. 我 买了 三 个 杯子, 你 要 哪 一 个?

Dàjiā dōu xiěwán le ma?
40. 大家 都 写完 了 吗?

第二部分

第 41-45 题

A 错 cuò　　B 比 bǐ　　C 对 duì　　D 牛奶 niúnǎi　　E 贵 guì　　F 没 问题 méi wèntí

例如：这儿 的 羊肉 很 好吃，但是 也 很 （ E ）。
Zhèr de yángròu hěn hǎochī, dànshì yě hěn

41. 你 打 （　　）了，这里 没有 姓 王 的。
Nǐ dǎ le, Zhèli méiyǒu xìng Wáng de.

42. 长 时间 看 电视，（　　）眼睛 不 好。
Cháng shíjiān kàn diànshì, yǎnjing bù hǎo.

43. 小 的 时候，妈妈 每天 让 我 喝 （　　）。
Xiǎo de shíhou, māma měitiān ràng wǒ hē

44. 我 姐姐 （　　）我 大 三 岁。
Wǒ jiějie wǒ dà sān suì.

45. 女：明天 飞机 到 上海 的 时间 太 晚 了。
Míngtiān fēijī dào Shànghǎi de shíjiān tài wǎn le.

男：（　　），我们 的 宾馆 离 机场 很 近。
Wǒmen de bīnguǎn lí jīchǎng hěn jìn.

第三部分

第 46-50 题

例如：
Xiànzài shì diǎn fēn, tāmen yǐjīng yóule fēnzhōng le.
现在 是 11点 30分，他们 已经 游了 20分钟 了。

Tāmen diǎn fēn kāishǐ yóuyǒng.
★ 他们 11点 10分 开始 游泳。 　　　　　　（ ✓ ）

Wǒ huì tiàowǔ, dàn tiào de bù zěnmeyàng.
我 会 跳舞，但 跳 得 不 怎么样。

Wǒ tiào de fēicháng hǎo.
★ 我 跳 得 非常 好。 　　　　　　　　　　（ ✗ ）

46.
Bàba, zhège tí wǒ bù zhīdào zěnme zuò, nǐ néng bāng wǒ kànkan ma?
爸爸，这个 题 我 不 知道 怎么 做，你 能 帮 我 看看 吗？

Shuōhuàrén huì zuò nàge tí.
★ 说话人 会 做 那个 题。 　　　　　　　　（ 　 ）

47.
Wǒ jiā li yǒu yì zhī xiǎogǒu, dìdi jiā li hái duō yì zhī.
我 家 里 有 一 只 小狗，弟弟 家 里 还 多 一 只。

Dìdi jiā li yǒu liǎng zhī xiǎogǒu.
★ 弟弟 家 里 有 两 只 小狗。 　　　　　　　（ 　 ）

48.
Xīn kāi de fànguǎn rén hěn duō, cài hěn hǎochī, fúwù yě fēicháng hǎo.
新 开 的 饭馆 人 很 多，菜 很 好吃，服务 也 非常 好。

Xīn kāi de fànguǎn de fúwù hěn hǎo.
★ 新 开 的 饭馆 的 服务 很 好。 　　　　　　（ 　 ）

49.
　Māma gàosu wǒ měitiān dú shū dú yí ge xiǎoshí dehuà, xīngqītiān jiù néng
妈妈 告诉 我 每天 读 书 读 一 个 小时 的话，星期天 就 能
kàn diànshì le.
看 电视 了。

　　Māma ràng wǒ měitiān dú yì běn shū.
★ 妈妈 让 我 每天 读 一 本 书。　　　　　　（　　　）

50.
　Péngyou jièshào de fángzi lí gōngsī hěn jìn, dànshì yǒu diǎnr guì,
朋友 介绍 的 房子 离 公司 很 近，但是 有 点儿 贵，
hái yào zài zhǎo biéde fángzi.
还 要 再 找 别的 房子。

　　Shuōhuàrén yǐjīng zhǎodào le fángzi.
★ 说话人 已经 找到 了 房子。　　　　　　（　　　）

第四部分

第 51-55 题

A
Hěn shǎo néng jiàndào nǐ, máng shénme ne?
很 少 能 见到 你, 忙 什么 呢?

B
Bàba, nín zěnme hái zài jiā?
爸爸, 您 怎么 还 在 家?

C
Nǐ hēguo nǎichá ma?
你 喝过 奶茶 吗?

D
Tīngshuō jīntiān wǎnshang huì xià yǔ
听说 今天 晚上 会 下 雨。

E
Tā zài nǎr ne? Nǐ kànjiàn tā le ma?
他 在 哪儿 呢? 你 看见 他 了 吗?

F
Wǒ lái jièshào yíxià, zhè shì jīntiān dì-yī tiān shàngbān de Lǐ Míng xiānsheng.
我 来 介绍 一下, 这 是 今天 第一 天 上班 的 李明 先生。

例如:
Tā hái zài jiàoshì li xuéxí.
他 还 在 教室 里 学习。 [E]

51.
Jīntiān gōngsī xiūxi yì tiān.
今天 公司 休息 一 天。 ☐

52.
Nà wǒ zǎo diǎnr huíqù ba.
那 我 早 点儿 回去 吧。 ☐

53.
Zhǔnbèi chūguó, xià ge yuè jiù zǒu.
准备 出国, 下 个 月 就 走。 ☐

54.
Rènshi nǐ hěn gāoxìng.
认识 你 很 高兴。 ☐

55.
Wǒ hēguo, shì hóngchá hé niúnǎi zuò de, hěn hǎohē.
我 喝过, 是 红茶 和 牛奶 做 的, 很 好喝。 ☐

第 56-60 题

A
Zhège zì, nǐ néng kàndǒng ma?
这个 字，你 能 看懂 吗？

B
Nǐ zǎoshang zuò de dì-yī jiàn shìqing shì shénme?
你 早上 做 的 第一 件 事情 是 什么？

C
Kuài diǎnr! Kuài diǎnr!
快 点儿! 快 点儿!

D
Nǐ měi ge xīngqītiān zuò shénme?
你 每 个 星期天 做 什么？

E
Qù Shànghǎi bīnguǎn zěnme zǒu?
去 上海 宾馆 怎么 走？

56.
Kàn bu dǒng, nǐ bāng wǒ dú yíxià.
看 不 懂，你 帮 我 读 一下。

57.
Yǐjīng wǎn le, gōnggòng qìchē jìn zhàn le.
已经 晚 了，公共汽车 进 站 了。

58.
Qǐchuáng jiù hē kāfēi.
起床 就 喝 咖啡。

59.
Wǎng qián zǒu, zài wǎng yòu zǒu, sān fēnzhōng jiù néng dào.
往 前 走，再 往 右 走，三 分钟 就 能 到。

60.
Wǒ hé tóngxuémen yìqǐ tī zúqiú.
我 和 同学们 一起 踢 足球。

HSK 2급 실전 모의고사

드디어 그동안 단어를 외우고 HSK 문제 유형을 익히며 갈고 닦은 실력을 테스트할 시간입니다.

HSK 2급 모의고사 2회분을 풀며 실전에 대비해 보세요.

실제 시험과 같이 영역별로 정해진 시간 내에 풀고,

뒤쪽의 답안지를 잘라 내어 정확하게 답안을 작성하세요.

채점 후에 모르는 단어는 따로 정리하고, 틀린 문제 중심으로 복습하세요.

★ 자주 출제되는 사진들을 익혀 보세요.

채점표

모의고사 1회	듣기	/35문항	총점
	독해	/25문항	점
모의고사 2회	듣기	/35문항	총점
	독해	/25문항	점

汉语水平考试
HSK（二级）
样 卷

试卷 1

注　意

一、　HSK（二级）分两部分：

    1. 听力（35题，约25分钟）

    2. 阅读（25题，22分钟）

二、　听力结束后，有3分钟填写答题卡。

三、　全部考试约55分钟（含考生填写个人信息时间5分钟）。

韩国　首尔　　　　　　　　　　　　　　多乐园　编制

一、听 力

第一部分

第 1-10 题

例如:		✓
		✗
1.		
2.		
3.		
4.		
5.		

6.		
7.		
8.		
9.		
10.		

第二部分

第 11-15 题

A

B

C

D

E

F

Nǐ xǐhuan shénme yùndòng?
例如: 男: 你 喜欢 什么 运动?

Wǒ zuì xǐhuan tī zúqiú.
女: 我 最 喜欢 踢 足球。

D

11. ☐

12. ☐

13. ☐

14. ☐

15. ☐

第 16-20 题

A

B

C

D

E

16. ☐

17. ☐

18. ☐

19. ☐

20. ☐

第三部分

第 21-30 题

例如：
男：
Xiǎo Wáng, zhèli yǒu jǐ ge bēizi, nǎge shì nǐ de?
小 王，这里 有 几 个 杯子，哪个 是 你 的？

女：
Zuǒbian nàge hóngsè de shì wǒ de.
左边 那个 红色 的 是 我 的。

问：
Xiǎo Wáng de bēizi shì shénme yánsè de?
小 王 的 杯子 是 什么 颜色 的？

A
hóngsè
红色 ✓

B
hēisè
黑色

C
báisè
白色

21.
A
hěn guì
很 贵

B
fēicháng hǎokàn
非常 好看

C
hěn piányi
很 便宜

22.
A
yàodiàn
药店

B
kāfēidiàn
咖啡店

C
xuéxiào
学校

23.
A
niúnǎi
牛奶

B
shuǐ
水

C
hóngchá
红茶

24.
A
qíngtiān
晴天

B
yīntiān
阴天

C
xià yǔ
下 雨

25.
A
tóngxué
同学

B
zhàngfu
丈夫

C
péngyou
朋友

26.
A
hěn búcuò
很 不错

B
hěn máng
很 忙

C
bú tài lèi
不 太 累

27.
A
xīguā
西瓜

B
píngguǒ
苹果

C
qiānbǐ
铅笔

28.
A
yǐzi shàngmiàn
椅子 上面

B
diànshì pángbiān
电视 旁边

C
zhuōzi xiàmiàn
桌子 下面

29.
A
qù yīyuàn
去 医院

B
shēntǐ bú tài hǎo
身体 不 太 好

C
xiūxi
休息

30.
A
hēisè
黑色

B
báisè
白色

C
yánsè
颜色

第四部分

第 31-35 题

例如: 女:
Qǐng zài zhèr xiě nín de míngzi.
请 在 这儿 写 您 的 名字。

男:
Shì zhèr ma?
是 这儿 吗?

女:
Bú shì, shì zhèr.
不 是,是 这儿。

男:
Hǎo, xièxie.
好,谢谢。

问:
Nán de yào xiě shénme?
男 的 要 写 什么?

míngzi A 名字 ✓	shíjiān B 时间	wèntí C 问题

31.
tóngxué A 同学	tī zúqiú B 踢 足球	nǚ'ér C 女儿

32.
bú lèi A 不累	fēicháng máng B 非常 忙	xiǎng xiūxi C 想 休息

33.
dǎ diànhuà A 打 电话	mài yīfu B 卖 衣服	mǎi yīfu C 买 衣服

34.
xià yǔ A 下 雨	bù lěng B 不 冷	xià xuě C 下 雪

35.
shuǐguǒ A 水果	shǒujī B 手机	shǒubiǎo C 手表

二、阅 读

第一部分

第 36-40 题

A

B

C

D

E

F

例如：
Měi ge xīngqīliù, wǒ dōu qù dǎ lánqiú.
每 个 星期六，我 都 去 打 篮球。   D

36.
Bàba bú zài jiā, tā zhèngzài gōngsī gōngzuò ne.
爸爸 不 在 家，他 正在 公司 工作 呢。   ☐

37.
Tiānqì tài lěng le, bié qù pǎobù le.
天气 太 冷 了，别 去 跑步 了。   ☐

38.
Háizimen zuì xǐhuan hé péngyou yìqǐ wánr.
孩子们 最 喜欢 和 朋友 一起 玩儿。   ☐

39.
Nǐmen jìn yìdiǎnr, xiào yi xiào, yī èr sān.
你们 近 一点儿，笑 一 笑，一 二 三。   ☐

40.
Xuéxiào pángbiān xīn kāi le yí ge fànguǎnr,
学校 旁边 新 开 了 一 个 饭馆儿，   ☐
wǒmen yìqǐ qù chī ba.
我们 一起 去 吃 吧。

第二部分

第 41-45 题

	píngguǒ		zěnme		Hànyǔ		rè		guì		péngyou
A	苹果	B	怎么	C	汉语	D	热	E	贵	F	朋友

Zhèr   de   yángròu hěn hǎochī, dànshì yě hěn
例如：这儿 的 羊肉 很 好吃，但是 也 很（ E ）。

Xīngqītiān nǐ   méi lái wǒ jiā chīfàn?
41. 星期天 你（   ）没 来 我 家 吃饭？

Měitiān zǎoshang chī yí ge   duì shēntǐ hǎo.
42. 每天 早上 吃 一 个（   ）对 身体 好。

Zuótiān wǒ hé   yìqǐ qù shuǐguǒdiàn mǎi de shuǐguǒ hěn guì.
43. 昨天 我 和（   ）一起 去 水果店 买 的 水果 很 贵。

Wàimiàn tài   le, jiā li yǒu shuǐ ma?
44. 外面 太（   ）了，家 里 有 水 吗？

Jīntiān de   kè jǐ diǎn kāishǐ?
45. A: 今天 的（   ）课 几 点 开始？

Sì diǎn, jiù shàng yí ge xiǎoshí.
B: 四点，就 上 一 个 小时。

第三部分

第 46-50 题

例如：
Xiànzài shì   diǎn   fēn, tāmen yǐjīng yóule   fēnzhōng le.
现在 是 11点 30分，他们 已经 游了 20分钟 了。

Tāmen   diǎn   fēn kāishǐ yóuyǒng.
★ 他们 11点 10分 开始 游泳。　　　　　　　　(✓)

Wǒ huì tiàowǔ, dàn tiào de bù zěnmeyàng
我 会 跳舞，但 跳 得 不 怎么样。

Wǒ tiào de fēicháng hǎo.
★ 我 跳 得 非常 好。　　　　　　　　　(×)

46.
Tā nán péngyou hěn xǐhuan tī zúqiú,   yě xǐhuan dǎ lánqiú, yóuyǒng.
她 男 朋友 很 喜欢 踢 足球， 也 喜欢 打 篮球，游泳。

Tā nán péngyou hěn xǐhuan yùndòng.
★ 她 男 朋友 很 喜欢 运动。　　　　　　(　)

47.
Yīnwèi zhège zhuōzi fēicháng guì, yánsè yě bú tài hǎo, suǒyǐ wǒ bù xiǎng mǎi.
因为 这个 桌子 非常 贵，颜色 也 不 太 好，所以 我 不 想 买。

Wǒ bù xiǎng mǎi zhège yǐzi.
★ 我 不 想 买 这个 椅子。　　　　　　(　)

48.
Wǒ nǚ'ér jīnnián shíliù suì, tā hěn gāo, hěn piàoliang.
我 女儿 今年 十六 岁，她 很 高，很 漂亮。

Wǒ nǚ'ér bù hǎokàn.
★ 我 女儿 不 好看。　　　　　　　　(　)

49.
Zuótiān wǒ jiějie shēngbìng le, wǒ qù yàodiàn mǎi yào, tā chī yào hòu
昨天 我 姐姐 生病 了，我 去 药店 买 药，她 吃 药 后
hǎo duō le.
好 多 了。

Wǒ jiějie zuótiān qù yīyuàn le.
★ 我 姐姐 昨天 去 医院 了。　　　　　　(　)

50. Tā qīzi de gōngsī xīngqīliù yě bù xiūxi ba? Wǒ juéde tā tài lèi le.
他 妻子 的 公司 星期六 也 不 休息 吧? 我 觉得 她 太 累 了。

Tā qīzi xīngqīliù yě shàngbān.
★ 他 妻子 星期六 也 上班。 ( )

第四部分

第 51-55 题

A
Wǒ hěn xǐhuan zǎoshang yùndòng, měitiān dōu chūqu pǎobù. Nǐ ne?
我 很 喜欢 早上 运动，每天 都 出去 跑步。你 呢?

B
Nǐ wèishénme bù kāi chē shàngbān?
你 为什么 不 开 车 上班?

C
Zhuōzi shang yǒu liǎng běn shū. Nǎ běn shì nǐ de?
桌子 上 有 两 本 书。哪 本 是 你 的?

D
Wǒ dìdi jīnnián èrshíbā suì le.
我 弟弟 今年 二十八 岁 了。

E
Tā zài nǎr ne? Nǐ kànjiàn tā le ma?
他 在 哪儿 呢? 你 看见 他 了 吗?

F
Míngtiān wǒ hé Xiǎo Míng yìqǐ qù mǎi yīfu, nǐ qù bu qù?
明天 我 和 小 明 一起 去 买 衣服，你 去 不 去?

Tā hái zài jiàoshì li xuéxí.
例如: 他 还 在 教室 里 学习。 | E |

51.
Bù hǎoyìsi, míngtiān wǒ méiyǒu shíjiān.
不 好意思，明天 我 没有 时间。 | |

52.
Zuǒbian dà de shì wǒ de.
左边 大 的 是 我 的。 | |

53.
Wǒ bù xǐhuan pǎobù, gōngzuò máng, zǎoshang méiyǒu shíjiān.
我 不 喜欢 跑步，工作 忙，早上 没有 时间。 | |

54.
Shàngbān de shíhou lùshang chē tài duō le, bù xiǎng kāi.
上班 的 时候 路上 车 太 多 了，不 想 开。 | |

55.
Wǒ érzi yě èrshíbā suì le.
我 儿子 也 二十八 岁 了。 | |

第 56-60 题

A　Wǒmen pǎole yí ge xiǎoshí le, xiūxi yíxià ba.
　我们 跑了 一 个 小时 了，休息 一下 吧。

B　Nǐ zhù nǎge fángjiān?
　你 住 哪个 房间?

C　Jīntiān wǎnfàn zuòle miàntiáor.
　今天 晚饭 做了 面条儿。

D　Māma ràng wǒ gěi bàba mǎi shǒubiǎo, zhège zěnmeyàng?
　妈妈 让 我 给 爸爸 买 手表，这个 怎么样?

E　Nǐ kànjiàn jīntiān de bàozhǐ le ma?
　你 看见 今天 的 报纸 了 吗?

56.　Wǒ juéde nàge hēisè de hǎokàn.
　我 觉得 那个 黑色 的 好看。 □

57.　Jīntiān de bàozhǐ hái méi lái.
　今天 的 报纸 还 没 来。 □

58.　Xièxie nǐ, wǒ zuì ài chī miàntiáor.
　谢谢 你，我 最 爱 吃 面条儿。 □

59.　Wǒ zhù zài 302 hào.
　我 住 在 302 号。 □

60.　Hǎode, hē diǎnr shuǐ ba.
　好的，喝 点儿 水 吧。 □

汉语水平考试
HSK（二级）
样 卷

试卷 2

注　　意

一、　HSK（二级）分两部分：

　　1．听力（35题，约25分钟）

　　2．阅读（25题，22分钟）

二、　听力结束后，有3分钟填写答题卡。

三、　全部考试约55分钟（含考生填写个人信息时间5分钟）。

韩国　首尔　　　　　　　　　　　　　　　　多乐园　编制

一、听 力

第一部分

第 1–10 题

例如：		✓
		✗
1.		
2.		
3.		
4.		
5.		

6.		
7.		
8.		
9.		
10.		

第二部分

第 11-15 题

A

B

C

D

E

F

Nǐ xǐhuan shénme yùndòng?
例如：男：你 喜欢 什么 运动？

Wǒ zuì xǐhuan tī zúqiú.
女：我 最 喜欢 踢 足球。 ☐ D

11. ☐

12. ☐

13. ☐

14. ☐

15. ☐

第 16-20 题

A

B

C

D

E

16. ☐

17. ☐

18. ☐

19. ☐

20. ☐

第三部分

第 21-30 题

例如：
男：Xiǎo Wáng, zhèli yǒu jǐ ge bēizi, nǎge shì nǐ de?
小 王，这里 有 几 个 杯子，哪个 是 你 的？

女：Zuǒbian nàge hóngsè de shì wǒ de.
左边 那个 红色 的 是 我 的。

问：Xiǎo Wáng de bēizi shì shénme yánsè de?
小 王 的 杯子 是 什么 颜色 的？

A hóngsè 红色 ✓	B hēisè 黑色	C báisè 白色

21.
A yí cì 一 次	B liǎng cì 两 次	C sān cì 三 次

22.
A liǎng diǎn 两 点	B liù diǎn 六 点	C jiǔ diǎn 九 点

23.
A yí ge 一 个	B sān ge 三 个	C wǔ ge 五 个

24.
A èr yuè 二 月	B qī yuè 七 月	C jiǔ yuè 九 月

25.
A fúwùyuán 服务员	B yīshēng 医生	C lǎoshī 老师

26.
A báisè 白色	B hóngsè 红色	C hēisè 黑色

27.
A zhǔnbèi 准备	B yángròu 羊肉	C hǎochī 好吃

28.
A bù hǎo 不 好	B búcuò 不错	C méiyǒu yìsi 没有 意思

29.
A zuò gōnggòng qìchē 坐 公共汽车	B māma kāichē sòng tā 妈妈 开车 送 她	C zuò chūzūchē 坐 出租车

30.
A lù 101路	B lù 11路	C lù 110路

第四部分

第 31-35 题

例如： 女： Qǐng zài zhèr xiě nín de míngzi.
请 在 这儿 写 您 的 名字。

男： Shì zhèr ma?
是 这儿 吗？

女： Bú shì, shì zhèr.
不 是，是 这儿。

男： Hǎo, xièxie.
好，谢谢。

问： Nán de yào xiě shénme?
男 的 要 写 什么？

A míngzi
名字 ✓   B shíjiān
时间   C wèntí
问题

31. A tā nǚ'ér de tóngxué
她 女儿 的 同学   B tā nǚ'ér de lǎoshī
她 女儿 的 老师   C tā nǚ'ér
她 女儿

32. A kāi chē
开 车   B zuò fēijī
坐 飞机   C zuò chūzūchē
坐 出租车

33. A yínháng ménkǒu
银行 门口   B xuéxiào ménkǒu
学校 门口   C bīnguǎn ménkǒu
宾馆 门口

34. A xiǎng qù yùndòng
想 去 运动   B qù yīyuàn
去 医院   C shēntǐ bù hǎo
身体 不 好

35. A yìqiān èr
一千 二   B liǎngbǎi èr
两百 二   C yìbǎi èr
一百 二

二、阅 读

第一部分

第 36-40 题

A

B

C

D

E

F

Měi ge xīngqīliù, wǒ dōu qù dǎ lánqiú.
例如： 每 个 星期六，我 都 去 打 篮球。   D

Kàn Zhōngguó diànyǐng duì xuéxí Hànyǔ hěn yǒu bāngzhù.
36. 看 中国 电影 对 学习 汉语 很 有 帮助。   □

Wǒ bàba de shǒubiǎo zài zhuōzi shang ne.
37. 我 爸爸 的 手表 在 桌子 上 呢。   □

Zuótiān wǒ hé péngyou yìqǐ qù tiàowǔ le.
38. 昨天 我 和 朋友 一起 去 跳舞 了。   □

Wǒ érzi shēngbìng le, jīntiān bù néng qù shàngkè le.
39. 我 儿子 生病 了，今天 不 能 去 上课 了。   □

Wǒ gēge jīntiān zǒuzhe huíjiā le.
40. 我 哥哥 今天 走着 回家 了。   □

第二部分

第 41-45 题

A 咖啡 kāfēi　　B 有点儿 yǒu diǎnr　　C 千 qiān　　D 打 篮球 dǎ lánqiú　　E 贵 guì　　F 非常 fēicháng

例如：这儿 的 羊肉 很 好吃，但是 也 很 （ E ）。
Zhèr de yángròu hěn hǎochī, dànshì yě hěn

41. 我 不 想 学习，我 想 和 朋友们 去 （　　）。
Wǒ bù xiǎng xuéxí, wǒ xiǎng hé péngyǒumen qù

42. 高 老师 的 手机 很 贵，五 （　　）多 块 钱。
Gāo lǎoshī de shǒujī hěn guì, wǔ duō kuài qián.

43. 我 女儿 从 六 岁 开始 游泳，她 （　　）喜欢 游泳。
Wǒ nǚ'ér cóng liù suì kāishǐ yóuyǒng, tā xǐhuan yóuyǒng.

44. 这 件 衣服 颜色 不错，就 是 （　　）长。
Zhè jiàn yīfu yánsè búcuò, jiù shì cháng.

45. A：你 每天 喝 几 杯 （　　）?
Nǐ měitiān hē jǐ bēi

B：一 杯，喝 多 了 对 身体 不 好。
Yì bēi, hē duō le duì shēntǐ bù hǎo.

第三部分

第 46-50 题

例如：
Xiànzài shì   diǎn   fēn, tāmen yǐjīng yóule   fēnzhōng le.
现在 是 11点 30分，他们 已经 游了 20分钟 了。

Tāmen   diǎn   fēn kāishǐ yóuyǒng.
★ 他们 11点 10分 开始 游泳。 （ ✓ ）

Wǒ huì tiàowǔ, dàn tiào de bù zěnmeyàng
我 会 跳舞，但 跳 得 不 怎么样。

Wǒ tiào de fēicháng hǎo.
★ 我 跳 得 非常 好。 （ ✗ ）

46.
Wánr shǒujī de shíhou, lí shǒujī tài jìn duì yǎnjing bù hǎo.
玩儿 手机 的 时候，离 手机 太 近 对 眼睛 不 好。

Wánr   shǒujī ràng rén hěn gāoxìng.
★ 玩儿 手机 让 人 很 高兴。 （ ）

47.
Jīntiān zǎoshang wǒ qǐ de hěn wǎn, suǒyǐ wǒ shì zuò chūzūchē shàngbān de.
今天 早上 我 起 得 很 晚，所以 我 是 坐 出租车 上班 的。

Jīntiān wǒ zuò gōnggòng qìchē qù gōngsī.
★ 今天 我 坐 公共汽车 去 公司。 （ ）

48.
Wǒ shàngcì shì zuò huǒchē huílái de, zhè cì shì zuò fēijī huílái de,
我 上次 是 坐 火车 回来 的，这 次 是 坐 飞机 回来 的，
zuò fēijī bǐ zuò huǒchē kuài.
坐 飞机 比 坐 火车 快。

Zuò huǒchē bǐ zuò   fēijī màn.
★ 坐 火车 比 坐 飞机 慢。 （ ）

49.
Diànyǐng kuàiyào kāishǐ le, wǒmen kuàidiǎnr jìnqù ba.
电影 快要 开始 了，我们 快点儿 进去 吧。

Diànyǐng yǐjīng kāishǐ le.
★ 电影 已经 开始 了。 （ ）

50.
Wǒ de Hànyǔ lǎoshī fēicháng xǐhuan chànggē, chànggē chàng de hěn hǎo,
我 的 汉语 老师 非常 喜欢 唱歌， 唱歌 唱 得 很 好，

dàjiā dōu xǐhuan tīng tā chànggē.
大家 都 喜欢 听 她 唱歌。

Wǒ de Hànyǔ lǎoshī chàng de búcuò.
★ 我 的 汉语 老师 唱 得 不错。　　　　　　（　　　）

第四部分

第 51-55 题

A
Zhège diànyǐng shì wǒ jīnnián kànguo de zuì hǎo de diànyǐng.
这个 电影 是 我 今年 看过 的 最 好 的 电影。

B
Wǒ zhēn xīwàng míngtiān shì ge qíngtiān.
我 真 希望 明天 是 个 晴天。

C
Chī liǎng ge jīdàn、hē yì bēi niúnǎi.
吃 两 个 鸡蛋、喝 一 杯 牛奶。

D
Qiánmiàn nàge báisè de jiù shì dì-shísān zhōngxué.
前面 那个 白色 的 就 是 第十三 中学。

E
Tā zài nǎr ne? Nǐ kànjiàn tā le ma?
他 在 哪儿 呢？你 看见 他 了 吗？

F
Míngtiān yǒu Hànyǔ kǎoshì, wǒ yào zhǔnbèi yíxià.
明天 有 汉语 考试，我 要 准备 一下。

例如：
Tā hái zài jiàoshì li xuéxí.
他 还 在 教室 里 学习。 ☐ E

51.
Wǒ zuótiān kànle zhège diànyǐng, hěn yǒu yìsi.
我 昨天 看了 这个 电影， 很 有 意思。 ☐

52.
Qǐngwèn, dì-shísān zhōngxué zěnme zǒu?
请问， 第十三 中学 怎么 走？ ☐

53.
Jiě, jīntiān tiānqì zěnme zhème hǎo, chūqù wán ba!
姐，今天 天气 怎么 这么 好，出去 玩 吧! ☐

54.
Míngtiān wǒ qù Běijīng lǚyóu.
明天 我 去 北京 旅游。 ☐

55.
Jīntiān zǎoshang nǐ chī shénme?
今天 早上 你 吃 什么？ ☐

第 56-60 题

A
Qǐng nǐ shuōhuà màn yìdiǎnr.
请 你 说话 慢 一点儿。

B
Wǒ hé wǒ qīzi shì qiánnián qù lǚyóu de shíhou rènshi de.
我 和 我 妻子 是 前年 去 旅游 的 时候 认识 的。

C
Zhēn de ma? Wǒ yào yì jīn.
真 的 吗? 我 要 一 斤。

D
Bù yuǎn, zǒu shí fēnzhōng jiù dào le.
不 远, 走 十 分钟 就 到 了。

E
Zhēn hǎohē, nǐ zài nǎr mǎi de?
真 好喝, 你 在 哪儿 买 的?

56.
Nǐmen zěnme rènshi de?
你们 怎么 认识 的?

57.
Zhè bēi kāfēi zhēn hǎohē, nǐ yě hē ba.
这 杯 咖啡 真 好喝, 你 也 喝 吧。

58.
Nǐ shuō de tài kuài le, wǒ dōu tīng bu dǒng.
你 说 得 太 快 了, 我 都 听 不 懂。

59.
Nàge yīyuàn lí zhèr yuǎn ma?
那个 医院 离 这儿 远 吗?

60.
Zhèxiē píngguǒ fēicháng hǎochī, nǐ yào bu yào?
这些 苹果 非常 好吃, 你 要 不 要?

● 작성법

汉语水平考试 HSK(二级)答题卡

——— 请填写考点信息 ———

按照考试证件上的姓名填写: 수험표상의 이름을 기재하세요.

| 姓名
이름 | 任信英
YIM SHIN YOUNG |

如果有中文姓名, 请填写: 수험표상의 중문 이름을 기재하세요.

| 中文姓名 | 任信英 |

중문 이름

수험번호 기재 후 마킹하세요.

수험번호 考生序号	[0] [1] [2] [3] [4] [5] [6] [7] [8] [9]
	[0] [1] [2] [3] [4] [5] [6] [7] [8] [9]
	[0] [1] [2] [3] [4] [5] [6] [7] [8] [9]
	[0] [1] [2] [3] [4] [5] [6] [7] [8] [9]
	[0] [1] [2] [3] [4] [5] [6] [7] [8] [9]

고시장 고유번호 기재 후 마킹하세요.
——— 请填写考点信息 ———

考点代码	[0] [1] [2] [3] [4] [5] [6] [7] [8] [9]
	[0] [1] [2] [3] [4] [5] [6] [7] [8] [9]
	[0] [1] [2] [3] [4] [5] [6] [7] [8] [9]
	[0] [1] [2] [3] [4] [5] [6] [7] [8] [9]
	[0] [1] [2] [3] [4] [5] [6] [7] [8] [9]
	[0] [1] [2] [3] [4] [5] [6] [7] [8] [9]
	[0] [1] [2] [3] [4] [5] [6] [7] [8] [9]

国籍 (한국인: 523)
5	[0] [1] [2] [3] [4] [5] [6] [7] [8] [9]
2	[0] [1] [2] [3] [4] [5] [6] [7] [8] [9]
3	[0] [1] [2] [3] [4] [5] [6] [7] [8] [9]

공전번호 기재 후 마킹하세요.

年龄
| [0] [1] [2] [3] [4] [5] [6] [7] [8] [9] |
| [0] [1] [2] [3] [4] [5] [6] [7] [8] [9] |

나이를 만 나이로 기재 후 마킹하세요.

性别 男 [1]   女 [2]
해당 성별에 마킹하세요.

| 注意 | 请用2B铅笔这样写: ▬ 2B 연필로 마킹하세요. |

一、听 力 돌기 답안란

답안 표기 방향

1. [√] [×]　　6. [√] [×]　　11. [A] [B] [C] [D] [E] [F]　　16. [A] [B] [C] [D] [E] [F]
2. [√] [×]　　7. [√] [×]　　12. [A] [B] [C] [D] [E] [F]　　17. [A] [B] [C] [D] [E] [F]
3. [√] [×]　　8. [√] [×]　　13. [A] [B] [C] [D] [E] [F]　　18. [A] [B] [C] [D] [E] [F]
4. [√] [×]　　9. [√] [×]　　14. [A] [B] [C] [D] [E] [F]　　19. [A] [B] [C] [D] [E] [F]
5. [√] [×]　　10. [√] [×]　　15. [A] [B] [C] [D] [E] [F]　　20. [A] [B] [C] [D] [E] [F]

21. [A] [B] [C]　　26. [A] [B] [C]　　31. [A] [B] [C]
22. [A] [B] [C]　　27. [A] [B] [C]　　32. [A] [B] [C]
23. [A] [B] [C]　　28. [A] [B] [C]　　33. [A] [B] [C]
24. [A] [B] [C]　　29. [A] [B] [C]　　34. [A] [B] [C]
25. [A] [B] [C]　　30. [A] [B] [C]　　35. [A] [B] [C]

二、阅 读 독해 답안란

답안 표기 방향

36. [A] [B] [C] [D] [E] [F]　　41. [A] [B] [C] [D] [E] [F]　　46. [√] [×]
37. [A] [B] [C] [D] [E] [F]　　42. [A] [B] [C] [D] [E] [F]　　47. [√] [×]
38. [A] [B] [C] [D] [E] [F]　　43. [A] [B] [C] [D] [E] [F]　　48. [√] [×]
39. [A] [B] [C] [D] [E] [F]　　44. [A] [B] [C] [D] [E] [F]　　49. [√] [×]
40. [A] [B] [C] [D] [E] [F]　　45. [A] [B] [C] [D] [E] [F]　　50. [√] [×]

51. [A] [B] [C] [D] [E] [F]　　56. [A] [B] [C] [D] [E] [F]
52. [A] [B] [C] [D] [E] [F]　　57. [A] [B] [C] [D] [E] [F]
53. [A] [B] [C] [D] [E] [F]　　58. [A] [B] [C] [D] [E] [F]
54. [A] [B] [C] [D] [E] [F]　　59. [A] [B] [C] [D] [E] [F]
55. [A] [B] [C] [D] [E] [F]　　55. [A] [B] [C] [D] [E] [F]

汉语水平考试 HSK（二级）答题卡

── 请填写考点信息 ──

按照考试证件上的姓名填写:

姓名	

如果有中文姓名，请填写:

中文姓名	

考生序号	[0] [1] [2] [3] [4] [5] [6] [7] [8] [9]
	[0] [1] [2] [3] [4] [5] [6] [7] [8] [9]
	[0] [1] [2] [3] [4] [5] [6] [7] [8] [9]
	[0] [1] [2] [3] [4] [5] [6] [7] [8] [9]
	[0] [1] [2] [3] [4] [5] [6] [7] [8] [9]

── 请填写考点信息 ──

考点代码	[0] [1] [2] [3] [4] [5] [6] [7] [8] [9]
	[0] [1] [2] [3] [4] [5] [6] [7] [8] [9]
	[0] [1] [2] [3] [4] [5] [6] [7] [8] [9]
	[0] [1] [2] [3] [4] [5] [6] [7] [8] [9]
	[0] [1] [2] [3] [4] [5] [6] [7] [8] [9]
	[0] [1] [2] [3] [4] [5] [6] [7] [8] [9]
	[0] [1] [2] [3] [4] [5] [6] [7] [8] [9]

国籍	[0] [1] [2] [3] [4] [5] [6] [7] [8] [9]
	[0] [1] [2] [3] [4] [5] [6] [7] [8] [9]
	[0] [1] [2] [3] [4] [5] [6] [7] [8] [9]

年龄	[0] [1] [2] [3] [4] [5] [6] [7] [8] [9]
	[0] [1] [2] [3] [4] [5] [6] [7] [8] [9]

性别	男 [1] 女 [2]

注意	请用2B铅笔这样写: ▬

一、听　力

1. [√] [✕]
2. [√] [✕]
3. [√] [✕]
4. [√] [✕]
5. [√] [✕]

6. [√] [✕]
7. [√] [✕]
8. [√] [✕]
9 [√] [✕]
10. [√] [✕]

11. [A] [B] [C] [D] [E] [F]
12. [A] [B] [C] [D] [E] [F]
13. [A] [B] [C] [D] [E] [F]
14. [A] [B] [C] [D] [E] [F]
15. [A] [B] [C] [D] [E] [F]

16. [A] [B] [C] [D] [E] [F]
17. [A] [B] [C] [D] [E] [F]
18. [A] [B] [C] [D] [E] [F]
19. [A] [B] [C] [D] [E] [F]
20. [A] [B] [C] [D] [E] [F]

21. [A] [B] [C]
22. [A] [B] [C]
23. [A] [B] [C]
24. [A] [B] [C]
25. [A] [B] [C]

26. [A] [B] [C]
27. [A] [B] [C]
28. [A] [B] [C]
29. [A] [B] [C]
30. [A] [B] [C]

31. [A] [B] [C]
32. [A] [B] [C]
33. [A] [B] [C]
34. [A] [B] [C]
35. [A] [B] [C]

二、阅　读

36. [A] [B] [C] [D] [E] [F]
37. [A] [B] [C] [D] [E] [F]
38. [A] [B] [C] [D] [E] [F]
39. [A] [B] [C] [D] [E] [F]
40. [A] [B] [C] [D] [E] [F]

41. [A] [B] [C] [D] [E] [F]
42. [A] [B] [C] [D] [E] [F]
43. [A] [B] [C] [D] [E] [F]
44. [A] [B] [C] [D] [E] [F]
45. [A] [B] [C] [D] [E] [F]

46. [√] [✕]
47. [√] [✕]
48. [√] [✕]
49 [√] [✕]
50. [√] [✕]

51. [A] [B] [C] [D] [E] [F]
52. [A] [B] [C] [D] [E] [F]
53. [A] [B] [C] [D] [E] [F]
54. [A] [B] [C] [D] [E] [F]
55. [A] [B] [C] [D] [E] [F]

56. [A] [B] [C] [D] [E] [F]
57. [A] [B] [C] [D] [E] [F]
58. [A] [B] [C] [D] [E] [F]
59. [A] [B] [C] [D] [E] [F]
55. [A] [B] [C] [D] [E] [F]

汉语水平考试 HSK（二级）答题卡

请填写考点信息 —— 请填写考点信息

按照考试证件上的姓名填写：

姓名	

考点代码	[0] [1] [2] [3] [4] [5] [6] [7] [8] [9]
	[0] [1] [2] [3] [4] [5] [6] [7] [8] [9]
	[0] [1] [2] [3] [4] [5] [6] [7] [8] [9]
	[0] [1] [2] [3] [4] [5] [6] [7] [8] [9]
	[0] [1] [2] [3] [4] [5] [6] [7] [8] [9]
	[0] [1] [2] [3] [4] [5] [6] [7] [8] [9]
	[0] [1] [2] [3] [4] [5] [6] [7] [8] [9]

如果有中文姓名，请填写：

中文姓名	

国籍	[0] [1] [2] [3] [4] [5] [6] [7] [8] [9]
	[0] [1] [2] [3] [4] [5] [6] [7] [8] [9]
	[0] [1] [2] [3] [4] [5] [6] [7] [8] [9]

考生序号	[0] [1] [2] [3] [4] [5] [6] [7] [8] [9]
	[0] [1] [2] [3] [4] [5] [6] [7] [8] [9]
	[0] [1] [2] [3] [4] [5] [6] [7] [8] [9]
	[0] [1] [2] [3] [4] [5] [6] [7] [8] [9]
	[0] [1] [2] [3] [4] [5] [6] [7] [8] [9]

年龄	[0] [1] [2] [3] [4] [5] [6] [7] [8] [9]
	[0] [1] [2] [3] [4] [5] [6] [7] [8] [9]

性别	男 [1] 女 [2]

注意	请用2B铅笔这样写： ▬

一、听 力

1. [√] [✕]　　6. [√] [✕]　　11. [A] [B] [C] [D] [E] [F]　　16. [A] [B] [C] [D] [E] [F]
2. [√] [✕]　　7. [√] [✕]　　12. [A] [B] [C] [D] [E] [F]　　17. [A] [B] [C] [D] [E] [F]
3. [√] [✕]　　8. [√] [✕]　　13. [A] [B] [C] [D] [E] [F]　　18. [A] [B] [C] [D] [E] [F]
4. [√] [✕]　　9 [√] [✕]　　14. [A] [B] [C] [D] [E] [F]　　19. [A] [B] [C] [D] [E] [F]
5. [√] [✕]　　10. [√] [✕]　　15. [A] [B] [C] [D] [E] [F]　　20. [A] [B] [C] [D] [E] [F]

21. [A] [B] [C]　　26. [A] [B] [C]　　31. [A] [B] [C]
22. [A] [B] [C]　　27. [A] [B] [C]　　32. [A] [B] [C]
23. [A] [B] [C]　　28. [A] [B] [C]　　33. [A] [B] [C]
24. [A] [B] [C]　　29. [A] [B] [C]　　34. [A] [B] [C]
25. [A] [B] [C]　　30. [A] [B] [C]　　35. [A] [B] [C]

二、阅 读

36. [A] [B] [C] [D] [E] [F]　　41. [A] [B] [C] [D] [E] [F]　　46. [√] [✕]
37. [A] [B] [C] [D] [E] [F]　　42. [A] [B] [C] [D] [E] [F]　　47. [√] [✕]
38. [A] [B] [C] [D] [E] [F]　　43. [A] [B] [C] [D] [E] [F]　　48. [√] [✕]
39. [A] [B] [C] [D] [E] [F]　　44. [A] [B] [C] [D] [E] [F]　　49 [√] [✕]
40. [A] [B] [C] [D] [E] [F]　　45. [A] [B] [C] [D] [E] [F]　　50. [√] [✕]

51. [A] [B] [C] [D] [E] [F]　　56. [A] [B] [C] [D] [E] [F]
52. [A] [B] [C] [D] [E] [F]　　57. [A] [B] [C] [D] [E] [F]
53. [A] [B] [C] [D] [E] [F]　　58. [A] [B] [C] [D] [E] [F]
54. [A] [B] [C] [D] [E] [F]　　59. [A] [B] [C] [D] [E] [F]
55. [A] [B] [C] [D] [E] [F]　　55. [A] [B] [C] [D] [E] [F]

● HSK 2급 필수 단어

01

HSK 필수 단어 14쪽

녹음 대본 01-02

A 高	**B** 大家	**C** 姓	**D** 妻子

❶ C ❷ D ❸ A ❹ B

단어 다시 보기 15쪽

1 ❶ Dàjiā hǎo ❷ nán péngyou

❸ nǚ háizi ❹ jiěmèi

2 姐姐 妹妹 妻子 姓

문장 표현 익히기 17쪽

❶ 여러분 / 안녕하세요 ❷ 여동생 / 언니

❸ 크니까 / 보다 ❹ 이름 / 성

스하트 확인 18-19쪽

녹음 대본 01-05

我家有爸爸、妈妈、姐姐、弟弟和我。

1 ❶ jiějie ❷ dìdi

2 ❶大家，学生 ❷ 小孩子，妹妹

3 ❶岁 ❷ 弟弟 ❸ 打电话

❹是 ❺ 女

02

HSK 필수 단어 22쪽

녹음 대본 02-02

A 已经	**B** 零	**C** 每	**D** 小时

❶ B ❷ A ❸ C ❹ D

단어 다시 보기 23쪽

1 ❶ xǐ yīfu ❷ zǎofàn

2 ❶ 일어나다 ❷ 잠자다

3 早上 晚上 时间

문장 표현 익히기 25쪽

❶ 매일 / 일어나고 ❷ 요리 / 좋아하지 않아요

❸ 여기 / 이미(벌써) ❹ 얼마나 / 2년

확인 26-27쪽

녹음 대본 02-05

早上七点起床，早上八点吃早饭，早上八点半
上学，晚上九点看电视，晚上十一点睡觉。

1

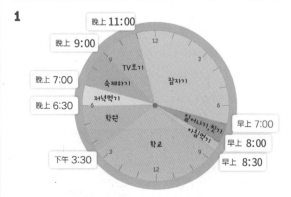

2 ❶ 洗衣服，两个小时

❷ 星期天，二零二五年

3 ❶ 起 ❷ 小时 ❸ 两

❹ 早上 ❺ 去年

2 ❶ 考试, 桌子, 教室

❷ 铅笔, 学习汉语

3 ❶ 开始 ❷ 错 ❸ 介绍

❹ 知道 ❺ 考试

03

 30쪽

녹음 대본 03-02

| A 题 | B 课 | C 考试 | D 开始 |

❶ D ❷ C ❸ B ❹ A

04

 38쪽

녹음 대본 04-02

| A 一起 | B 运动 | C 游泳 | D 旅游 |

❶ B ❷ C ❸ D ❹ A

단어 다시 보기 31쪽

1 ❶ shàngkè ❷ búcuò

❸ yǒu yìsi ❹ méi wèntí

2

| 考试 | 课 | 说话 | 汉语 |

단어 다시 보기 39쪽

1 ❶ Zhōngguó gē ❷ yùndòngfú

❸ kuài diǎnr

2 ❶ 달리다

3

| 踢足球 | 跳舞 | 跑步 |

문장 표현 익히기 33쪽

❶ 연필 / 아래 ❷ 여러분 / 문제

❸ 교실 / 알아요 ❹ 끝났다 / 시작

문장 표현 익히기 41쪽

❶ 운동 / 수영 ❷ 운동복 / 탁자(책상)

❸ 달리기 / 좋아해 ❹ 여행 / 가고 싶어

확인 34-35쪽

녹음 대본 05-05

男: 妈妈, 我的铅笔不见了。
女: 你的铅笔和书都在桌子上。

확인 42-43쪽

녹음 대본 04-05

① 打篮球 ② 踢足球

1 ❶ lánqiú ❷ zúqiú

2 ❶ 唱歌, 跳舞 ❷ 玩儿电脑

3 ❶ 慢 ❷ 一起 ❸ 跑

1

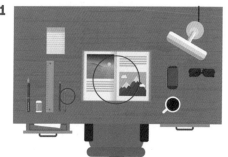

④ 游泳　　⑤ 唱歌

05

HSK 필수 단어 46쪽

녹음 대본 05-02

A 件　　B 新　　C 白　　D 进

① A　　② B　　③ D　　④ C

단어 다시 보기 47쪽

1 ① báisè　　② hēisè
　 ③ hóngsè　　④ xīn tóngxué

2 ④件　　便宜　　他

문장 표현 익히기 49쪽

① 어때 / 비싸다　　② 빨간색 / 천 / 백
③ 준비 / 도　　④ 들어오세요 / 검은색(의)

확인 50-51쪽

녹음 대본 05-05

① 虽然我很喜欢吃水果，但是现在不能吃。
② 给您介绍，他是明明。

1 ① D　　② A

2 ① 新, 便宜
　 ② 红色的衣服, 有点儿长

3 ① 卖　　② 红　　③ 新
　 ④ 贵　　⑤ 长

06

HSK 필수 단어 54쪽

녹음 대본 06-02

A 房间　　B 它　　C 离　　D 机场

① B　　② C　　③ D　　④ A

단어 다시 보기 55쪽

1 ① fànguǎn　　② cháguǎn
　 ③ fángzi　　④ xǐyījī

2 近　　近　　进

문장 표현 익히기 57쪽

① 처음 / 한 번　　② 호텔 / 가까워
③ 누구의 / 방　　④ 시간 / 없어

확인 58-59쪽

녹음 대본 06-05

宾馆，茶馆，饭馆

1 bīnguǎn cháguǎn fànguǎn
　 gǎn　gǎng　guǎ　(guǎn)

2 ① 上学, 到学校　　② 它, 小猫

3 ① 到　　② 房间　　③ 走
　 ④ 房子　　⑤ 离

07

HSK 필수 단어 62쪽

녹음 대본 07-02

A 只　　B 出　　C 日　　D 路

❶ C　❷ A　❸ D　❹ B

단어 다시 보기 63쪽

1 ❶ wàibian　❷ ménpiào
❸ zuǒyòu　❹ xīngqīrì

2 门　时间　间　我们

문장 표현 익히기 65쪽

❶ 기차역 / 왼쪽　❷ 타면 / 정도
❸ 오니 / 버스　❹ 어느 / 입은

확인 66-67쪽

녹음 대본 07-05

往前走，往左边，往前走，往右边，往前走，再往前走，往右边，现在到哪里了？

1

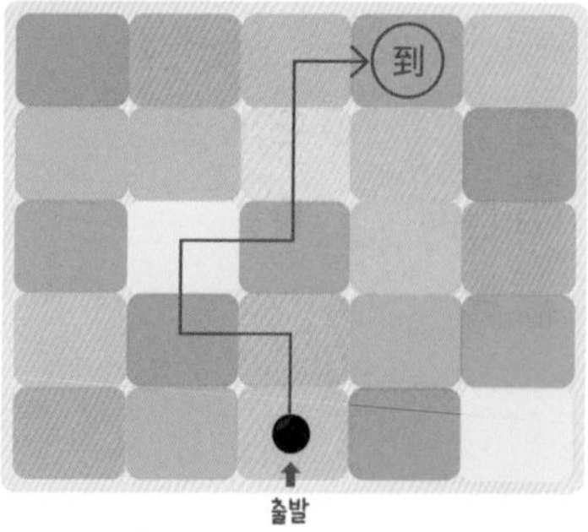

2 ❶ 饭馆儿, 学校左边　❷ 往左走

3 ❶ 出门　❷ 门票　❸ 右边
❹ 路　❺ 机场

08

HSK 필수 단어 70쪽

녹음 대본 08-02

A 牛奶　　B 等　　C 咖啡　　D 完

❶ B　❷ D　❸ C　❹ A

단어 다시 보기 71쪽

1 ❶ niúròu　❷ jīròu
❸ nǎichá　❹ hǎohē

2 好吃　咖啡　喝

문장 표현 익히기 73쪽

❶ 기다리세요　❷ 중국 음식
❸ 아침 / 계란　❹ 날씨 / 없어

확인 74-75쪽

녹음 대본 08-05

我想吃羊肉、鱼、鸡蛋和面条儿。我想喝咖啡和牛奶。

1

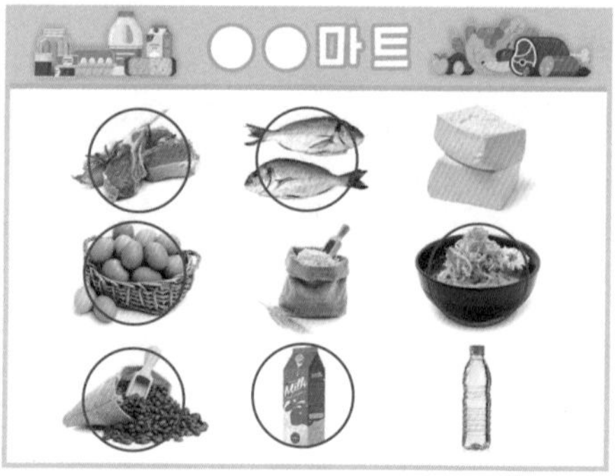

2 ❶ 服务员, 咖啡　❷ 两个鸡蛋

3 ❶ 完　❷ 每天　❸ 好吃
❹ 吧　❺ 很

09

78쪽

녹음 대본 09-02

A 忙　　B 公司　　C 休息　　D 再

❶ A　　❷ D　　❸ C　　❹ B

단어 다시 보기 79쪽

1 ❶ chūyuàn　　❷ yàodiàn

　　❸ tóngshì　　❹ xiàbān

2 忙　　事情　　懂

문장 표현 익히기 81쪽

❶ 약 / 이제는(지금은)　　❷ 퇴원 / 다음 주 월요일

❸ 몸(건강) / 쉬세요　　❹ 어떻게 / 세 번

확인 82-83쪽

녹음 대본 09-05

① 累　　② 忙　　③ 冷

1 ❶ lèi　　❷ máng　　❸ lěng

2 ❶ ○　　❷ ×

3 ❶ 累　　❷ 帮助　　❸ 找

　　❹ 每天　　❺ 告诉

10

HSK 필수 단어 86쪽

녹음 대본 10-02

A 送　　B 觉得　　C 希望　　D 笑

❶ B　　❷ C　　❸ A　　❹ D

단어 다시 보기 87쪽

1 ❶ xià xuě　　❷ xǐ shǒu

　　❸ qíngtiān　　❹ kāi wánxiào

2 手表　　手机　　报纸

문장 표현 익히기 89쪽

❶ 생일 축하해 / 손목시계　❷ 옷 / 새로 산

❸ 신문 / 알겠어요　　❹ 제일(가장) / 매년

확인 90-91쪽

녹음 대본 10-05

星期天晴天，星期一阴天，星期二下雨，星期
三阴天，星期四下雪，星期五下雪，星期六晴
天。

1

星期天	星期一	星期二	星期三	星期四	星期五	星期六
맑음	흐림	비	흐림	눈	눈	맑음

2 ❶ ×　　❷ ○

3 ❶ 外面　　❷ 早上　　❸ 送

　　❹ 觉得　　❺ 笑

01

 OK! 실전 확인   95쪽

▶ 녹음 대본 ◀11-01▶

1. 今天很热, 买西瓜怎么样?
2. 我告诉你一件事儿。
3. 你怎么还没起床?
4. 我哥哥每天都跑步。
5. 这块手表是爸爸送给我的。

1. ✓   2. ✓   3. ✕   4. ✓   5. ✕

02

 OK! 실전 확인   97쪽

▶ 녹음 대본 ◀12-01▶

11. 女: 你看, 火车站不是这儿。
    男: 我去问问吧。

12. 男: 慢慢来, 再写吧!
    女: 现在怎么样?

13. 女: 她们跳得真好! 哪个是你女朋友?
    男: 最前面的那个女孩儿。

14. 男: 都七点了, 快走吧。
    女: 我们的车票在哪儿?

15. 女: 你有没有时间, 我们一起喝杯茶?
    男: 好的。

11. B   12. D   13. A   14. E   15. C

03

 OK! 실전 확인   99쪽

▶ 녹음 대본 ◀13-01▶

21. 男: 姐姐, 我们几点去图书馆?
    女: 图书馆24小时开着, 吃完饭走吧。
    问: 图书馆开几个小时?

22. 女: 从北京来的飞机已经到了。
    男: 是的, 张先生怎么还没出来。
    问: 他们在哪儿?

23. 男: 我们有五个人, 少一个椅子。
    女: 等等, 给您送过来。
    问: 男的想要什么?

24. 女: 今天的考试, 考得怎么样?
    男: 考得不错, 回家我要看电影。
    问: 男的考试考得怎么样?

25. 男: 这个手机有黑色、白色、红色的。
    女: 我觉得白色的好看。
    问: 女的要买哪个颜色的手机?

21. C   22. A   23. B   24. B   25. B

04

 OK! 실전 확인   101쪽

▶ 녹음 대본 ◀14-01▶

31. 男: 你住在哪家宾馆?
    女: 北京路的多多宾馆。
    男: 听说那里离火车站很远, 但是房间很大。
    女: 对啊! 离火车站有点儿远, 但是房间很不错。
    问: 女的觉得那家宾馆怎么样?

32. 女: 现在怎么样?
    男: 好多了, 医生。
    女: 从今天开始, 中午不要吃药了。

男：那一天吃两次吗？早上、晚上。

问：他们在哪里？

33. 男：已经四点了，你妹妹怎么不来？

女：不好意思，再等5分钟可以吗？

男：没问题，电影10分钟后开始。

女：她来了，我看到她了。

问：电影几点开始？

34. 女：我想喝点儿咖啡，家里还有吗？

男：这么晚了，还要咖啡吗？

女：是的，明天有考试，还没看完。

男：帮你买一杯，等等。

问：女的为什么想喝咖啡？

35. 男：我的手表怎么样？

女：真好看，多少钱？

男：有点儿贵，两千五百，现在我没有钱了。

女：这么好看我觉得不贵。

问：女的觉得手表怎么样？

31. A   32. C   33. C   34. B   35. A

내가 완성하는 듣기 대본 102-103쪽

1 ❶ bàozhǐ   ❷ hái

❸ zài   ❹ chēpiào

❺ kāizhe   ❻ yǒu / shǎo

❼ Tīngshuō   ❽ kāishǐ / yào

❾ Méi wèntí / fēnzhōng

❿ liǎngqiān wǔbǎi kuài

2 ❶ 件   ❷ 正在 / 呢

❸ 得   ❹ 时间

❺ 小时   ❻ 从

❼ 想   ❽ 给

❾ 两   ❿ 不好意思

05 Mini 모의고사 듣기 104-109쪽

녹음 대본 15-01

大家好！欢迎参加HSK二级考试。大家好！欢迎参加HSK二级考试。大家好！欢迎参加HSK二级考试。
HSK二级听力考试分四部分，共35题。请大家注意，听力考试现在开始。

여러분 안녕하세요! HSK 2급 시험에 참가하신 것을 환영합니다. HSK 2급 듣기 시험은 총 네 부분으로 나뉘며, 모두 35문항입니다. 주의를 기울여 주세요. 듣기 시험을 지금 시작합니다.

第一部分，一共10个题，每题听两次。例如：我们家有三个人。我们家有三个人。我每天坐公共汽车去上班。我每天坐公共汽车去上班。现在开始第1题。

제1부분은 모두 10문항이며, 문제마다 두 번씩 들려줍니다. 예: 우리 가족은 세 명입니다. 우리 가족은 세 명입니다. 나는 매일 버스를 타고 출근합니다. 나는 매일 버스를 타고 출근합니다.
지금부터 제1번 문제를 시작합니다.

1. 公共汽车来了，快上车吧。

2. 他们两个要去游泳。

3. 右边的手表比左边的贵一些。

4. 女儿还在外边玩儿呢。

5. 这是哥哥送给我的电脑。

6. 早上我看着报纸吃饭。

7. 每天八点四十分开始上课。

8. 这家的鱼非常好吃。

9. 累不累？休息一下吧。

10. 我丈夫要买新手机。

第二部分，一共10个题，每题听两次。例如：你喜欢什么运动？我最喜欢踢足球。你喜欢什么运动？我最喜欢踢足球。现在开始第11到15题。

제2부분은 모두 10문항이며, 문제마다 두 번씩 들려줍니다. 예: 당신은 어떤 운동을 좋아합니까? 저는 축구를 가장 좋아합니다. 당신은 어떤 운동을 좋아합니까? 저는 축구를 가장 좋아합니다.
지금부터 제11번부터 15번 문제를 시작합니다.

11. 女：你们来过北京吗？

男：张先生这次是第一次。

12. 男：谢谢医生，我爸爸好多了！

　　女：还有两天就可以出院了。

13. 女：早饭都准备好了，快吃吧。

　　男：已经八点了，没时间吃饭了。

14. 男：电脑怎么打不开？

　　女：等一下，给我看看。

15. 女：这些茶杯真漂亮，是谁的？

　　男：是我的，红色的和黑色的是小张送我的。

现在开始第16到20题。
지금부터 제16번부터 20번 문제를 시작합니다.

16. 男：这个字写错了，左边不是两个点，是三个点。

　　女：请再说一下吧，这个字怎么写？

17. 男：现在时间太晚了，请别在这儿唱歌了。

　　女：不好意思。

18. 女：东西这么多，我们叫出租车去吧。

　　男：你看，我们在这儿，火车站在那儿，走路去吧。

19. 男：你笑什么？

　　女：都是你儿子画的。

20. 女：今天怎么不吃面条儿？

　　男：医生不让我吃面条儿。

第三部分，一共10个题，每题听两次。例如：小王，这里有几个杯子，哪个是你的？左边那个红色的是我的。(问)小王的杯子是什么颜色的？小王，这里有几个杯子，哪个是你的？左边那个红色的是我的。(问)小王的杯子是什么颜色的？现在开始第21题。
제3부분은 모두 10문항이며, 문제마다 두 번씩 들려줍니다. 예: 샤오왕, 여기 몇 개의 컵이 있는데, 어느 것이 네 것이니? 왼쪽의 빨간색이 내 것이야. (질문) 샤오왕의 컵은 어떤 색입니까? 샤오왕, 여기 몇 개의 컵이 있는데, 어느 것이 네 것이니? 왼쪽의 빨간색이 내 것이야. (질문) 샤오왕의 컵은 어떤 색입니까?
지금부터 제21번 문제를 시작합니다.

21. 男：新年快乐！

　　女：新年快乐，希望你新年天天快乐！

　　问：今天最可能是几月几号？

22. 女：你一个星期做几次运动呢？

　　男：我工作忙，一个星期最多一两次。

　　问：男的一个星期做几次运动？

23. 女：我丈夫最喜欢这家的面包。

　　男：那我给你们买点儿吧。

　　问：他们买什么？

24. 女：谁在外面？

　　男：妈妈，是我，东西太多，帮我开门！

　　问：谁在外面？

25. 男：我要一杯热咖啡。

　　女：大杯的？小杯的？

　　问：他们最可能在哪儿？

26. 男：你妹妹今年上大学吧？

　　女：不是，去年已经考上了。

　　问：女的的妹妹什么时候上的大学？

27. 女：这些东西怎么这么贵？

　　男：孩子的东西都要很好的，所以都不便宜。

　　问：男的觉得孩子的东西怎么样？

28. 男：您贵姓？

　　女：我姓王，在中国有很多姓王的。

　　问：女的觉得在中国姓王的多吗？

29. 女：什么事情让你这么高兴？

　　男：明天是我第一天上班。

　　问：男的为什么这么高兴？

30. 男：去旅游的准备都做好了吗？

　　女：还没找到第二天住的宾馆。

　　问：女的去旅游第二天住的宾馆怎么样？

第四部分，一共5个题。每题听两次。例如：请在这儿写您的名字。是这儿吗？不是，是这儿。好，谢谢。(问)男的要写什么？请在这儿写您的名字。是这儿吗？不是，是这儿。好，谢谢。(问)男的要写什么？现在开始第31题。
제4부분은 모두 5문항이며, 문제마다 두 번씩 들려줍니다. 예: 여기에 당신의 이름을 쓰세요. 여기요? 아니오, 여기요. 네, 감사합니다. (질문) 남자는 무엇을 쓰려고 하는가? 여기에 당신의 이름을 쓰세요. 여기요? 아니오, 여기요. 네, 감사합니다. (질문) 남자는 무엇을 쓰려고 하는가?
지금부터 제31번 문제를 시작합니다.

31. 男：这里一个人也没有。

女：不会吧，妈妈说图书馆九点开的。

男：还有五分钟，我们再等一下吧。

女：我打个电话问问妈妈。

问：女的要给谁打电话？

32. 女：爸爸，我明天送你去机场吧？

男：早上九点的飞机，六点半要出门，六点能起床吗？

女：没问题，我送你。

男：好的，今天我们要早点儿睡。

问：女的明天早上为什么去机场？

33. 男：你女儿今年多大了？

女：十八岁了。

男：听说她的汉语很好。

女：因为她很喜欢看中国电影，所以学了汉语。

问：女儿为什么学汉语？

34. 女：下雨了，要出门吗？

男：是的，我要去书店买书。

女：别去了，在手机上买明天就能到。

男：这么快？那你告诉我怎么买。

问：男的要做什么？

35. 男：谁的电脑？

女：白色的就是我的。

男：白色的手机也是你的吗？

女：是的，我喜欢白色，所以很多东西都是白的。

问：女的为什么有很多白色的东西呢？

1. ✓   2. ✕   3. ✓   4. ✓   5. ✓
6. ✕   7. ✕   8. ✕   9. ✓   10. ✓
11. E   12. A   13. B   14. C   15. F
16. A   17. D   18. C   19. B   20. E
21. A   22. B   23. A   24. B   25. C
26. A   27. B   28. C   29. C   30. B

31. B   32. C   33. B   34. A   35. B

해설

1. ──────────────── 핵심 단어 公共汽车, 上车

버스 사진을 확인했다면 녹음에서 '교통수단'과 관련된 단어가 나오는지 집중해서 들어야 합니다. 녹음 속 핵심 단어는 '公共汽车(버스)'로 사진과 일치하므로 정답은 ✓입니다.

2. ──────────────── 핵심 단어 游泳

'游泳(수영하다)'은 농구공을 들고 있는 사진과 일치하지 않습니다. '打篮球(농구를 하다)'가 사진에 더 어울리는 표현입니다. 정답은 X입니다. 자주 쓰이는 운동 관련 단어들을 기억해 두세요.

3. ──────────────── 핵심 단어 比, 贵

사진 속에 다른 모양의 시계 두 개가 있고, 녹음에서 비교 표현을 나타내는 '比(~보다)'가 나왔습니다. '오른쪽의 손목시계는 왼쪽의 것보다 조금 비싸요'라는 뜻으로, 사진과 내용이 일치하므로 정답은 ✓입니다.

4. ──────────────── 핵심 단어 女儿, 外边, 玩儿

'女儿(딸)', '外边(바깥)', '玩儿(놀다)' 등 녹음 속 핵심 단어가 모두 놀이터에서 놀고 있는 여자아이 사진과 일치하므로 정답은 ✓입니다.

5. ──────────────── 핵심 단어 电脑

사진에 보이는 사물은 노트북 컴퓨터입니다. 녹음에서 언급한 '电脑(컴퓨터)'와 일치하기 때문에 정답은 ✓입니다.

6. ──────────────── 핵심 단어 报纸, 吃饭

녹음 문장은 '早上我看着报纸吃饭。(나는 아침에 신문을 보면서 밥을 먹습니다.)'으로 핵심 단어는 '报纸(신문)'와 '吃饭(밥을 먹다)'입니다. 사진 속에 신문이 보이지 않으므로 녹음 내용과 일치하지 않습니다. 정답은 X입니다.

7. ──────────────── 핵심 단어 八点四十分, 开始

시간을 나타내는 표현은 숫자를 주의 깊게 듣고 선택해야 합니다. 녹음 문장은 '八点四十分(8시 40분)'으로 사진 속의 시계가 가리키는 8시와는 일치하지 않습니다. 정답은 X입니다. 두 번씩 들려주는 녹음을 잘 활용하여 정답을 찾아야 합니다.

8. ───────────────── <mark>핵심 단어</mark> 鱼, 好吃

녹음의 핵심 단어는 '鱼(물고기)'이고, 사진의 스테이크와 일치하지 않습니다. 정답은 X입니다. 2급 시험에서 나올 수 있는 고기 관련 단어는 '牛肉(소고기)', '羊肉(양고기)', '鸡肉(닭고기)'이므로 함께 학습하도록 합니다.

9. ───────────────── <mark>핵심 단어</mark> 累, 休息

피곤의 보이는 남자의 사진과 '累不累? 休息一下吧。(피곤하니? 좀 쉬어.)'의 녹음 내용이 일치하므로 정답은 √입니다. '一下'는 동사 뒤에 사용하여 가벼운 동작이나 시도를 나타내는 표현으로 '좀 ～하다', '한번 ～해 보다'로 해석합니다.

10. ───────────────── <mark>핵심 단어</mark> 要, 买, 手机

녹음 속 핵심 단어 '要(～하려고 한다)', '买(사다)', '手机(핸드폰)'를 통해 사진과 일치하는 것을 알 수 있습니다. 2급 필수 단어 중 '手机'와 '手表(손목시계)'를 구분할 수 있어야 합니다. 정답은 √입니다.

11. ───────────────── <mark>핵심 단어</mark> 来过, 北京, 第一次

여자가 '你们来过北京吗?(여러분은 베이징에 와 본 적 있나요?)'라고 물었고, 남자가 '张先生这次是第一次。(장 선생은 이번이 처음입니다.)'라고 대답했습니다. 캐리어를 들고 공항에서 대화하는 사진이 내용상 가장 적합합니다. 정답은 E입니다.

12. ───────────────── <mark>핵심 단어</mark> 医生, 出院

남자가 처음에 '谢谢医生(의사 선생님, 감사합니다)'이라고 말했습니다. 핵심 단어인 '医生(의사)'과 '出院(퇴원하다)'을 들었다면 답을 쉽게 찾을 수 있습니다. 의사와 환자 보호자의 대화로 정답은 A입니다.

13. ───────────────── <mark>핵심 단어</mark> 快吃, 吃饭

'快吃吧(어서 먹자)', '没时间吃饭了(밥 먹을 시간이 없어요)'라는 대화로 보아 먹는 것과 관련된 사진이 적합합니다. 식탁에 음식이 준비된 사진 B가 정답입니다.

14. ───────────────── <mark>핵심 단어</mark> 电脑, 打不开

대화의 핵심 단어 '电脑(컴퓨터)'를 통해 연상할 수 있는 상황은 노트북을 보고 있는 사진 C입니다. '打开'는 '켜다'라는 뜻이고, 부정형은 '打不开(켜지지 않다)'로 표현합니다.

15. ───────────────── <mark>핵심 단어</mark> 茶杯, 红色, 黑色

여자가 '这些茶杯真漂亮。(이 찻잔들 정말 예뻐요.)'이라고 말했으므로, 찻잔이 있는 사진 F가 정답입니다. 녹음에서 '茶杯(찻잔)'라는 단어를 알아듣지 못했더라도, 뒤에 나오는 '红色(빨간색)', '黑色(검은색)'라는 단어를 통해 정답을 찾을 수 있습니다.

16. ───────────────── <mark>핵심 단어</mark> 字, 写, 错

남자가 '这个字写错了，左边不是两个点，是三个点。(이 글자 잘못 썼어. 왼쪽에 점이 두 개가 아니라, 세 개야.)'이라고 말했고, 여자가 '请再说一下吧，这个字怎么写?(다시 한번 말해 줘, 이 글자 어떻게 써?)'라고 했습니다. 종이에 글씨를 쓰고 있는 사진 A가 대화에 가장 어울립니다.

17. ───────────────── <mark>핵심 단어</mark> 别, 唱歌

남자가 '请别在这儿唱歌了。(여기서 노래하지 마세요.)'라고 했고, 핵심 단어 '唱歌(노래를 부르다)'에 어울리는 사진은 D입니다. '不好意思'는 미안함을 나타내는 표현입니다.

18. ───────────────── <mark>핵심 단어</mark> 出租车, 火车站, 走路

'东西这么多，我们叫出租车去吧。(짐이 이렇게 많으니, 우리 택시 불러서 가요.)', '我们在这儿，火车站在那儿，走路去吧。(우리는 여기에 있고, 기차역은 저기에 있어요. 걸어 가요.)'라는 내용의 대화입니다. 정답은 짐을 들고 지도를 보고 있는 사진 C입니다.

19. ───────────────── <mark>핵심 단어</mark> 儿子, 画

녹음의 '都是你儿子画的。(모두 당신 아들이 그렸어요.)'라는 내용에서 그림과 관련 있음을 알 수 있습니다. 아이가 그린 것 같은 그림의 B가 정답입니다.

20. ───────────────── <mark>핵심 단어</mark> 不吃, 面条儿

'今天怎么不吃面条儿?(오늘 왜 국수를 안 먹어요?)'라는 여자의 말에 어울리는 것은 두 사람이 함께 음식을 먹고 있는 사진 E입니다.

21. ───────────────── <mark>핵심 단어</mark> 新年, 快乐

녹음을 듣기 전에 최대한 선택지 A~C를 확인해야 합니다. 선택지를 보고 날짜와 관련된 내용이 나올 것을 예상할 수 있습니다. '新年快乐!(새해 복 많이 받으세요!)'는 새해 인사이므로, 1월 1일이 정답입니다.

22. ───── 핵심 단어 　几次, 一两次

대화의 핵심 단어인 '一两次(한두 번)'가 선택지 B에 그대로 제시되었습니다. 일주일에 운동을 몇 번 하냐는 여자의 질문에 남자가 '我工作忙，一个星期最多一两次。(일이 바빠서, 일주일에 많아야 한두 번해요.)'라고 말했습니다. '一两次'는 한 번 혹은 두 번을 나타내는 어림수입니다.

23. ───── 핵심 단어 　喜欢, 面包

여자가 '我丈夫最喜欢这家的面包。(제 남편이 이 집 빵을 제일 좋아해요.)'라고 말하자, 남자가 '那我给你们买点儿吧。(그럼 내가 좀 사줄게요.)'라고 했습니다. '他们买什么?(그들은 무엇을 사는가?)'가 질문인데, '鸡蛋(계란)'과 '羊肉(양고기)'는 아예 녹음에서 언급되지 않았습니다. 정답은 A '面包'입니다.

24. ───── 핵심 단어 　谁, 在, 外面, 妈妈

정답이 대화에서 직접적으로 언급되지 않았습니다. '妈妈，是我，东西太多，帮我开门!(엄마, 나예요. 물건이 많아요, 문 열어 주세요!)'이라고 했으므로, 선택지의 '儿子(아들)'와 '女儿(딸)' 중에 정답을 골라야 하지만 남자 목소리이므로 정답은 B입니다.

25. ───── 핵심 단어 　要, 咖啡

대화가 벌어지는 장소를 묻는 문제입니다. '我要一杯热咖啡。(따뜻한 커피 한 잔 주세요.)'라며 커피를 주문했으므로, 대화가 이루어진 곳은 커피숍이 가장 적절합니다. 물건을 사거나 음식을 주문할 때 '要'를 활용하는 경우가 대부분입니다. '咖啡馆', '咖啡店' 모두 커피숍을 뜻하는 표현으로, 정답은 C입니다.

26. ───── 핵심 단어 　今年, 去年, 已经

선택지를 먼저 확인하고, 대화에서 말하는 시점을 집중해서 들어야 합니다. 남자가 '你妹妹今年上大学吧?(네 여동생은 올해 대학교에 입학하지?)'라고 물었는데, 여자가 '不是，去年已经考上了。(아니, 작년에 이미 합격했어.)'라고 대답하는 상황으로 보아 정답은 A '去年'입니다.

27. ───── 핵심 단어 　贵, 不便宜

두 사람 중 남자의 생각을 묻고 있습니다. 남자가 '孩子的东西都要很好的，所以都不便宜。(아이들의 물건은 모두 좋아야 해요. 그래서 싸지 않아요.)'라고 말한 것으로 보아 '싸지 않다'의 뜻을 가진 B가 정답입니다.

28. ───── 핵심 단어 　姓, 中国, 多

여자의 말이 선택지에 그대로 제시되었습니다. 여자가 '在中国有很多姓王的。(중국에는 왕 씨 성을 가진 사람이 많아요.)'라고 말했으므로 정답은 C입니다. '您贵姓?'은 이름을 묻는 표현 중 가장 예의 바른 표현입니다, 대답으로는 성씨만 답하기도 하고 성씨와 이름을 같이 대답하는 경우도 있습니다.

29. ───── 핵심 단어 　高兴, 上班

남자의 기분이 좋은 이유를 물었는데, 녹음에서 남자는 '明天是我第一天上班。(내일은 제 출근 첫 날입니다.)'라고 말했습니다. 'A 시험을 잘 봤다, B 입학했다, C 일자리를 찾았다'의 선택지 중 C가 정답에 가장 적합합니다.
대화에 언급된 표현이 그대로 정답이 될 때도 있지만, 이 문제처럼 의미는 통하나 표현은 다른 선택지가 정답이 될 때도 있습니다.

30. ───── 핵심 단어 　旅游, 没, 找到

'还没找到第二天住的宾馆。(둘째 날 묵을 호텔을 아직 못 찾았어요.)'이라는 여자의 말에서 정답을 찾을 수 있습니다. '找到'는 '찾다', '找不到'는 '찾지 못하다'의 뜻으로 정답은 B입니다. 여자의 말에서 부정을 나타내는 '没'를 놓쳐서는 안 됩니다.

31. ───── 핵심 단어 　打, 电话, 问, 妈妈

대화 중 여자의 두 번째 말 '我打个电话问问妈妈。(내가 엄마한테 전화해서 물어볼게.)'가 핵심입니다. 정답은 B입니다.

32. ───── 핵심 단어 　爸爸, 送, 机场

공항에 가시는 아버지와 모셔다 드리려는 딸의 대화 내용입니다. '爸爸，我明天送你去机场吧?(아빠, 내일 제가 공항에 모셔다 드려도 될까요?)'로 대화의 핵심 내용을 처음부터 파악할 수 있습니다. 정답은 C입니다. '送+사물'은 사물을 전달하거나 선물할 때 쓰이고, '送+사람'은 '~를 배웅하다'의 뜻으로 쓰입니다.

33. ───── 핵심 단어 　汉语, 喜欢, 看, 中国, 电影

여자의 말을 제대로 이해해야 정답을 고를 수 있습니다. '因为她很喜欢看中国电影，所以学了汉语。(그녀는 중국 영화 보는 것을 좋아해서 중국어를 배웠어요.)'라는 문장이 핵심입니다. A는 '시험을 준비하려고', B는 '중국 영화를 보고 싶어서', C는 '중국 친구를 만나고 싶어서'입니다. 정답은 B입니다.

34. —————————

세 개의 선택지 모두 '무엇을 산다'는 내용이므로, '무엇'에 집중해서 녹음을 들어야 합니다. 남자의 두 번째 문장 '我要去书店买书。(나는 책 사러 서점에 가야 해.)'에서 정답이 A 임을 알 수 있습니다.

35. —————————

질문은 여자에게 흰색 물건이 많은 이유를 물었습니다. 여자의 마지막 말 '我喜欢白色，所以很多东西都是白的。(나는 흰색을 좋아해서 많은 물건이 다 흰색이야.)'에서 답을 찾을 수 있습니다. A는 '흰색이 싸다', B는 '흰색을 좋아한다', C는 '검은색을 좋아하지 않는다'로 정답은 B입니다.

06

🔊 OK! 실전 확인 111쪽

36. A   37. B   38. E   39. D   40. C

07

🔊 OK! 실전 확인 113쪽

41. D   42. A   43. B   44. E   45. C

08

🔊 OK! 실전 확인 115쪽

46. ✕   47. ✕   48. ✓   49. ✕   50. ✓

09

🔊 OK! 실전 확인 117쪽

51. C   52. E   53. A   54. D   55. B

🎧 내가 완성하는 듣기 대본 118-119쪽

1 ❶ hǎo le   ❷ Zhège

   ❸ Wàimiàn   ❹ hǎochī

   ❺ qǐchuáng   ❻ gěi nín

   ❼ tiàowǔ   ❽ dǎ lánqiú

   ❾ wèntí   ❿ xiězhe

2 ❶ 到   ❷ 玩儿

   ❸ 给   ❹ 穿

   ❺ 早   ❻ 白色

   ❼ 两个半   ❽ 这里

   ❾ 已经   ❿ 因为

10 Mini 모의고사 독해 120-125쪽

36. E   37. A   38. C   39. B   40. F

41. A   42. C   43. D   44. B   45. F

46. ✕   47. ✓   48. ✓   49. ✕   50. ✕

51. B   52. D   53. A   54. F   55. C

56. A   57. C   58. B   59. E   60. D

해설

36. —————————

예외를 제외한 다섯 장의 사진을 통해 파악할 수 있는 정보를 재빨리 확인합니다. 선생님과 학생들이 있는 교실 풍경, 컵 3개, 들어오라는 제스처를 하고 있는 여자, 빈 플라스틱 통, 칠판 앞의 선생님 모습이 보입니다.

이 문장의 핵심 표현은 '药吃完了(약을 다 먹었다)'입니다. 빈 약통이 가장 어울리는 사진으로 정답은 E입니다.

---

37. ──────────── 핵심 단어 介绍, 新同学

문장 속 핵심 단어는 '新同学(새로운 친구)'로, 선생님이 전학생을 소개하는 사진 A가 가장 적합합니다.

---

38. ──────────── 핵심 단어 好吃, 请进

'我们家的羊肉很好吃'는 '우리 가게의 양고기가 아주 맛있어요.'라는 뜻입니다. 마지막 '请进(들어오세요)'이 이 문장의 핵심 단어로, 입구에서 들어오라는 자세를 취하고 있는 사진 C가 정답입니다.

---

39. ──────────── 핵심 단어 三个, 杯子

문장 속 핵심 단어는 '杯子(컵)'로, 3개의 컵이 놓여 있는 사진 B가 정답입니다.

---

40. ──────────── 핵심 단어 写, 完

문장 속 핵심 표현은 '写完了吗?(다 썼나요?)'로, 선생님이 지우개를 들고 칠판 앞에 서 있는 모습과 가장 어울리므로 정답은 F입니다.

---

41. ──────────── 핵심 단어 打, 错

먼저 선택지에 제시된 단어들을 빨리 확인하며 뜻을 떠올립니다. A는 '틀리다', B는 '~보다', C는 '~에 대하여', D는 '우유', E는 '비싸다', F는 '괜찮다'입니다.
'打'는 손을 이용하는 동작에 쓰이는데, '打电话(전화를 걸다)', '打车(택시를 부르다)', '打篮球(농구를 하다)' 등으로 활용됩니다. 이 문장 속 '打'는 '错'와 호응하여, '전화 잘못 거셨어요(打错了)'라는 뜻으로 쓰였습니다. 정답은 A입니다.

---

42. ──────────── 핵심 단어 对, 眼睛, 不好

개사 '对(~에 대해)'는 '不好'와 호응하여 '对……不好(~에 좋지 않다)'의 형식으로 자주 쓰입니다. 정답은 C입니다.

---

43. ──────────── 핵심 단어 喝, 牛奶

동사 '喝(마시다)' 뒤에 올 수 있는 것은 선택지 A~F 중에서 D '牛奶(우유)'뿐입니다.

---

44. ──────────── 핵심 단어 比, 大

'比我大三岁'는 '나보다 세 살 많다'의 뜻으로, 비교 표현입니다. 기본 형식은 '주어+比+비교대상+술어'로 빈칸에 알맞은 정답은 B입니다.

---

45. ──────────── 핵심 단어 没问题

여자가 비행기가 상하이에 너무 늦게 도착함을 걱정하자 남자가 한 말입니다. 문장 맨 앞에서 단독으로 쓸 수 있으며, 문맥상 어울리는 것은 F '没关系(괜찮다)'입니다.

---

46. ──────────── 핵심 단어 不知道, 怎么, 做

제시문에서 '会做那个题(그 문제를 풀 수 있다)'라고 했으므로, 문제를 풀 수 있는지 없는지에 주의하여 지문을 읽습니다. 지문에서 '不知道怎么做(어떻게 푸는지 모르겠어요)'라고 했으므로 제시문은 틀렸습니다.

---

47. ──────────── 핵심 단어 一只, 小狗, 多

제시문에서 '两只小狗(강아지 두 마리)'가 핵심 내용입니다. 지문에서 우리 집에 강아지 한 마리가(一只小狗) 있고, 남동생 집에는 한 마리가 더 많다(多一只)고 했으므로, 제시문은 옳습니다.

---

48. ──────────── 핵심 단어 新开, 服务, 好

제시문에서 '服务很好(서비스가 좋다)'라고 했으므로 지문에 서비스가 언급이 되었는지, 언급이 되었다면 서비스가 좋은지 아닌지를 파악해야 합니다. 지문에서 '服务也非常好(서비스도 매우 좋다)'라고 했으므로 제시문은 옳습니다.

---

49. ──────────── 핵심 단어 每天, 读, 一个小时

제시문에서 '每天读一本书(매일 책 한 권을 읽다)'라고 했으므로 지문을 읽을 때 숫자와 양사를 주의해서 봐야 합니다. 지문에는 '每天读书读一个小时的话(매일 한 시간씩 책을 읽으면)'라고 했으므로, 제시문은 틀렸습니다.

---

50. ──────────── 핵심 단어 但是, 贵, 再, 找

제시문에서 '找到了房子(집을 찾았다)'라고 했으므로 지문을 읽을 때 집을 찾았는가를 확인해야 합니다. 지문에는 '还要再找别的房子(다른 방을 다시 찾아봐야 한다)'라고 했으므로 제시문은 틀렸습니다. 문장에서 전환을 나타내는 접속사 '但是(그러나)' 뒤에 나오는 내용에 집중하세요.

51. ──────────── 핵심 단어 **休息, 一天**

제시문의 '今天公司休息一天。(오늘 회사 하루 쉬어.)'은 상황을 설명하는 표현으로 선택지 중에서 의문사 '怎么'로 질문을 하는 B가 가장 자연스럽게 연결됩니다.

52. ──────────── 핵심 단어 **早点儿, 回去**

제시문에서 '那我早点儿回去吧。(그럼 내가 일찍 돌아올게.)'라고 했으므로, 선택지에서 일찍 돌아와야 하는 이유가 언급된 문장을 찾아야 합니다. D의 '会下雨(비가 올 것이다)'가 적합합니다.

53. ──────────── 핵심 단어 **准备, 出国**

제시문에서 출국을 준비하고 있고(准备出国) 다음 달에 간다(下个月就走)고 자신의 일정을 설명하고 있습니다. 그에 어울리는 질문은 '忙什么呢?(뭐가 그리 바쁘니?)'로, A가 정답입니다.

54. ──────────── 핵심 단어 **认识, 高兴**

'认识你很高兴。(만나서 반갑습니다.)'은 첫 만남의 상황에서 사용하는 표현입니다. 사람을 소개하는(我来介绍一下) 문장과 연결해야 자연스러운 대화가 완성됩니다. F가 정답입니다.

55. ──────────── 핵심 단어 **喝过, 红茶, 牛奶, 一起**

제시문의 '喝过(마셔 본 적 있다)'가 선택지 C에 그대로 언급되었습니다. '红茶(홍차)'와 '牛奶(우유)'로 '奶茶(밀크티)'를 만듭니다.

56. ──────────── 핵심 단어 **看不懂, 帮, 读**

제시문의 '看不懂'은 '보고 이해할 수 없다'는 뜻이므로, 선택지에서 글자와 관련된 단어나 이해의 여부를 묻는 표현을 찾아야 합니다. A의 '这个字，你能看懂吗?(이 글자, 너 보고 이해할 수 있니?)'와 자연스럽게 연결됩니다. '看得懂(보고 이해할 수 있다)'의 부정형 표현은 '看不懂'입니다.

57. ──────────── 핵심 단어 **已经, 晚, 公共汽车, 进站**

제시문에서 '已经晚了(이미 늦었어)'라며 상황이 늦었음을 말하고 있습니다. 문맥상 재촉하는 상황의 '快点儿! 快点儿!(빨리! 빨리!)'과 연결해야 대화가 자연스럽습니다. 정답은 C입니다.

58. ──────────── 핵심 단어 **起床, 就, 咖啡**

제시문에서 '起床就喝咖啡。(일어나면 바로 커피를 마셔요.)'라며 무엇을 하는지를 설명하고 하고 있습니다. 선택지 B와 D는 의문사 '什么(무엇)'를 활용한 질문으로, 두 문장 중에서 정답을 찾아야 합니다. B의 '你早上做的第一件事情是什么?(당신이 아침에 가장 먼저 하는 일은 무엇인가요?)'와 연결하는 것이 가장 자연스럽습니다.

59. ──────────── 핵심 단어 **往前走, 往右走**

제시문에서 앞으로 가고, 다시 오른쪽으로 가라며(往前走, 再往右走) 길을 알려주고 있습니다. 그렇다면 앞에는 길을 묻는 문장이 와야 하므로 '怎么走?(어떻게 가나요?)'가 있는 E가 정답입니다.

60. ──────────── 핵심 단어 **一起, 踢, 足球**

제시문에서 '我和同学们一起踢足球。(나는 친구와 함께 축구를 한다.)'라며 무엇을 하는지를 설명하고 있으므로, 앞에는 무엇을 하는가(做什么?)에 대한 질문이 와야 합니다. '每个星期天做什么?(매주 일요일에 무엇을 하니?)'와 연결하는 것이 가장 자연스럽습니다.

● HSK 2급 실전 모의고사

모의고사 1회 128-140쪽

1. ✓	2. ✗	3. ✗	4. ✗	5. ✗
6. ✗	7. ✓	8. ✗	9. ✓	10. ✗
11. E	12. A	13. B	14. F	15. C
16. D	17. C	18. E	19. B	20. A
21. A	22. A	23. C	24. C	25. C
26. C	27. A	28. B	29. B	30. A
31. A	32. C	33. C	34. C	35. B
36. C	37. A	38. F	39. E	40. B
41. B	42. A	43. F	44. D	45. C
46. ✓	47. ✗	48. ✗	49. ✗	50. ✓
51. F	52. C	53. A	54. B	55. D
56. D	57. E	58. C	59. B	60. A

녹음 대본 17-01

大家好！欢迎参加HSK二级考试。大家好！欢迎参加HSK二级考试。大家好！欢迎参加HSK二级考试。HSK二级听力考试分四部分，共35题。请大家注意，听力考试现在开始。

第一部分，一共10个题，每题听两次。例如：我们家有三个人。我们家有三个人。我每天坐公共汽车去上班。我每天坐公共汽车去上班。现在开始第1题。

1. 下午我们一起去打篮球吧。

2. 吃水果对身体好，你们多吃点儿。

3. 小猫的眼睛真漂亮。

4. 我每天早上六点起床。

5. 我今天送给妻子一个杯子。

6. 他每天早上都去运动。

7. 桌子上的那个红色的杯子是我的。

8. 这儿是谁的房间？真漂亮。

9. 高小姐最喜欢喝茶。

10. 今天的晚饭是我和我妈妈一起做的。

第二部分，一共10个题，每题听两次。例如：你喜欢什么运动？我最喜欢踢足球。你喜欢什么运动？我最喜欢踢足球。现在开始第11到15题。

11. 男：都十点了，女儿怎么还不回家？
    女：她还在学校学习呢。

12. 男：快要下课了，还有什么问题吗？
    女：老师，我想问一个问题。

13. 男：这是你的狗吗？它多大了？
    女：五个多月。

14. 男：今天你怎么不吃东西呢？
    女：今天身体不好。

15. 男：你家离公司远不远？
    女：很近，坐公共汽车五分钟就到。

现在开始第16到20题。

16. 男：请问，天天饭店怎么走？
    女：不知道，我第一次来这儿。

17. 男：这次考试考得怎么样？
    女：别说了，题太多了，我没做完。

18. 男：请问，609房间在哪儿？
    女：左边的最后一个就是。

19. 男：你看过这个电影吗？
    女：没看过，朋友说很有意思。

20. 男：这个衣服很好看！多少钱？
    女：两千五百。

第三部分，一共10个题，每题听两次。例如：小王，这里有几个杯子，哪个是你的？左边那个红色的是我的。(问)小王的杯子是什么颜色的？小王，这里有几个杯子，哪个是你的？左边那个红色的是我的。(问)小王的杯子是什么颜色的？现在开始第21题。

21. 男：你觉得这个铅笔怎么样？
    女：太贵了，我买不起。
    问：这个铅笔怎么样？

22. 男：学校旁边有药店吗？
    女：往前走，学校旁边有一个。
    问：男的要去哪儿？

23. 男：你要不要喝茶?

　　女：我想喝一杯红茶。

　　问：女的想喝什么?

24. 男：今天天气怎么样?

　　女：下大雨，今天的雨下得非常大。

　　问：今天的天气怎么样?

25. 男：桌子上的手机是谁的?

　　女：那个手机是我朋友的。

　　问：桌子上的手机是谁的?

26. 男：你工作累不累?

　　女：不累，我很喜欢这个工作。

　　问：女的觉得她的工作累不累?

27. 男：这个西瓜有点儿小，有大一点儿的吗?

　　女：有，两块钱一斤。

　　问：男的要买什么?

28. 男：妈，你看见我的手机了吗?

　　女：就在电视旁边。

　　问：男的的手机在哪儿?

29. 男：我这两天身体不好，想休息一下。

　　女：怎么了?明天我和你一起去医院看看吧。

　　问：男的怎么了?

30. 男：你喜欢哪个手表?

　　女：左边黑色的那个。

　　问：女的喜欢什么颜色的手表?

第四部分，一共5个题。每题听两次。例如：请在这
儿写您的名字。是这儿吗?不是，是这儿。好，谢
谢。(问)男的要写什么?请在这儿写您的名字。是
这儿吗?不是，是这儿。好，谢谢。(问)男的要写什
么?现在开始第31题。

31. 男：听说你女儿很喜欢踢足球?

　　女：对，她每天都去踢足球。

　　男：她和谁一起踢?

　　女：她和同学一起踢。

　　问：女的的女儿和谁踢足球?

32. 男：你怎么了?

　　女：这几天很忙，有点儿累。

　　男：不要太累了，多休息休息。

　　女：谢谢，听你的。

　　问：女的怎么了?

33. 男：这个衣服还有别的颜色吗?

　　女：还有白色的。

　　男：有没有黑色的?

　　女：不好意思，没有黑色的。

　　问：男的最可能在做什么?

34. 男：外面天气怎么样?

　　女：下大雪了。

　　男：冷不冷?

　　女：有点儿冷，你多穿衣服。

　　问：外面天气怎么样?

35. 男：生日快乐，这是送给你的。

　　女：谢谢，这里面是什么?

　　男：是最新的手机。

　　女：爸，太谢谢你了，我爱你。

　　问：男的送给女的什么?

해설

1. ── 핵심 단어 我们, 打, 篮球

녹음 속 핵심 단어 '打篮球(농구를 하다)'와 남자 두 명이 농구
를 하는 사진의 내용이 일치합니다. 정답은 √입니다.

2. ── 핵심 단어 吃, 水果

'吃水果'는 '과일을 먹다', '多吃点儿'은 '많이 먹어요'라는 뜻
입니다. 어른과 아이가 함께 음식을 준비하는 사진이지만, 녹
음에 나오는 '과일'은 보이지 않습니다. '准备做饭(음식을 준
비하다)'이 사진에 어울리는 표현입니다. 정답은 X입니다.

3. ── 핵심 단어 小猫, 漂亮

'小猫'는 '고양이', '小狗'는 강아지입니다. 강아지 사진을 보고
'小狗'를 떠올리며 녹음을 들었다면 사진과 일치하지 않음을
바로 알 수 있습니다. 정답은 X입니다.

4. ───────────── 핵심 단어 早上, 起床

'起床'은 '일어나다, 기상하다'라는 뜻으로 여자가 잠을 자고 있는 사진과 일치하지 않습니다. '睡觉(잠을 자다)'가 사진과 어울리는 단어입니다. 정답은 X입니다.

5. ───────────── 핵심 단어 送, 妻子, 杯子

손목시계 사진을 보고, 녹음에 등장하는 명사를 주의해서 들어야 합니다. '杯子'는 '컵, 잔'을 뜻하므로 일치하지 않습니다. 손목시계는 '手表'입니다. 정답은 X입니다.

6. ───────────── 핵심 단어 去, 运动

남자가 신문을 보고 있는 사진이므로 '看报纸(신문을 보다)'가 나오는지 주의해서 녹음을 들어야 합니다. 하지만 녹음에 등장한 표현은 '去运动(운동을 가다)'이므로 사진과 일치하지 않습니다. 정답은 X입니다.

7. ───────────── 핵심 단어 红色, 杯子

빨간색 컵이 있는 사진을 보고, 녹음을 듣기 전 '红色(빨간색)'와 '杯子(컵)'라는 단어를 떠올릴 수 있습니다. 두 단어가 녹음에서 모두 들렸으므로 답을 바로 알 수 있습니다. 정답은 √입니다.

8. ───────────── 핵심 단어 这儿, 房间

녹음 속 핵심 단어는 '房间(방)'입니다. 사진에는 큰 학교 건물이 보이므로 녹음과 일치하지 않습니다. 학교는 '学校'입니다. 정답은 X입니다.

9. ───────────── 핵심 단어 喝, 茶

'喝'는 '마시다', '茶'는 '차'를 뜻합니다. '小姐'는 젊은 여성을 지칭합니다. 사진에서 여성이 차를 마시고 있으므로 녹음 내용과 일치합니다. 정답은 √입니다.

10. ───────────── 핵심 단어 一起, 做

'我和我妈妈一起做的'는 '나와 엄마가 함께 만든 것이다'라는 뜻입니다. 아이와 엄마가 사진에 등장하지만 함께 TV를 보고 있으므로 '看电视(TV를 보다)'라는 표현이 어울립니다. 정답은 X입니다.

11. ───────────── 핵심 단어 女儿, 学校, 学习

남자가 '女儿怎么还不回家?(딸이 왜 아직 안 돌아와요?)'라고 물었고, 여자는 '还在学校学习呢。(아직 학교에서 공부해요.)'라고 답했습니다. 여학생이 학교에서 공부하는 모습이 담긴 E가 정답으로 적합합니다.

12. ───────────── 핵심 단어 老师, 问, 问题

여자의 '老师，我想问一个问题。(선생님, 질문이 있어요.)'라는 말에서 수업 시간 중의 대화임을 알 수 있습니다. 선생님한테 손을 들고 질문하는 학생의 사진과 가장 어울립니다. 정답은 A입니다.

13. ───────────── 핵심 단어 狗

남자의 '这是你的狗吗?(이것은 너의 강아지니?)'라는 말에서 바로 작은 강아지 사진의 B가 정답임을 알 수 있습니다.

14. ───────────── 핵심 단어 身体, 不好

오늘 왜 음식을 안 먹냐는 남자의 질문에 여자가 '身体不好(몸이 안 좋아)'라고 이유를 말했습니다. 아픈 얼굴을 한 여자의 모습이 담긴 F가 정답으로 적합합니다.

15. ───────────── 핵심 단어 远, 近

'家(집)'와 '公司(회사)'라는 장소가 나오고, '公共汽车(버스)'라는 교통수단도 나오고, '五分钟(5분)'이라는 시간 표현도 나와 헷갈릴 수 있지만, 이 대화의 핵심 단어는 '远(멀다)'과 '近(가깝다)'입니다.
집에서 회사까지의 거리를 묻고 있으므로, 거리감이 느껴지는 두 개의 건물이 있는 사진과 어울립니다. 정답은 C입니다.

16. ───────────── 핵심 단어 怎么, 走

남자가 '请问，天天饭店走么走?(실례합니다. 텐텐호텔은 어떻게 가나요?)'라고 질문했습니다. '怎么走?(어떻게 가나요?)'는 길을 물을 때 자주 쓰는 표현입니다. 지도를 보며 길을 묻는 사진 D가 정답입니다.

17. ───────────── 핵심 단어 考试, 别说了

대화의 핵심 단어는 '考试(시험)'입니다. 남자가 '考得怎么样?(시험 어떻게 봤어?)'이라고 물었는데, 여자가 '别说了(말도 마)'라고 말하는 것으로 미루어 보아 시험을 못 본 상황을 짐작할 수 있습니다. 종이를 들고 우울한 표정을 하고 있는 사진 C가 대화에 어울립니다.

18. ───────────── 핵심 단어 请问, 房间, 哪儿

남자의 첫마디 '请问(말씀 좀 물을게요)'을 통해 누군가에게 질문하는 상황임을 알 수 있습니다. '609房间在哪儿?(609호실은 어디에 있나요?)'이라고 했으므로, 호텔 직원과 손님이 대화를 나누고 있는 사진 E가 정답입니다. 방 번호를 나타내는 숫자를 읽을 때는 한 글자씩 읽어야 하므로 '六零九'로 읽어야 합니다.

19. ───── 핵심 단어 看, 电影

남자가 '看过这个电影吗?(이 영화를 본 적 있니?)'라고 물었습니다. 선택지 중에서 남녀가 영화관에 있는 사진 B가 대화의 내용에 적합합니다.

20. ───── 핵심 단어 衣服, 好看

남자가 '这衣服很好看!(이 옷 예쁘다!)'이라고 했습니다. 옷(衣服)에 대해 대화하는 상황에 어울리는 것은 원피스 사진인 A입니다.

21. ───── 핵심 단어 铅笔, 贵

이 연필은 어떠냐고(这个铅笔怎么样?) 묻는 남자의 질문에 여자가 '太贵了(너무 비싸요)'라고 답했으므로 정답은 A입니다. '买不起(살 수 없어요)'는 돈이 없거나 부족해서 못 사는 경우에 쓰는 표현이니 꼭 알아 두세요.

22. ───── 핵심 단어 药店, 往前走

남자가 '学校旁边有药店吗?(학교 옆에 약국이 있습니까?)'라고 물었습니다. 질문이 남자가 가려고 하는 곳이므로 정답은 A '药店(약국)'입니다. 녹음에서 '学校(학교)'도 언급되니 질문을 잘 들어야 합니다.

23. ───── 핵심 단어 喝, 茶, 红茶

선택지 A, B, C가 모두 음료를 나타내는 단어입니다. 녹음에서 언급된 음료는 C '红茶(홍차)'뿐입니다.

24. ───── 핵심 단어 大雨, 下雨

남자가 '今天天气怎么样?(오늘 날씨가 어때요?)'이라고 묻고, 여자는 '下大雨(비가 많이 내려요)'라고 대답했습니다. 따라서 C가 정답입니다. 2급 시험에서 자주 나오는 날씨와 관련된 표현들을 익혀 두세요.

25. ───── 핵심 단어 手机, 谁的

남자가 '桌子上的手机是谁的?(책상 위의 핸드폰은 누구의 것입니까?)'라고 물었고, 여자가 '我朋友的(내 친구의 것)'라고 대답 했기 때문에 정답은 C입니다. '同学(학우)'와 '丈夫(남편)'는 대화에서 언급되지 않았습니다.

26. ───── 핵심 단어 累不累

일이 힘드냐고 묻는 남자의 질문에 여자가 '不累(힘들지 않아)'라고 대답했습니다. C의 '不太累(별로 힘들지 않아)'와 같은

의미입니다. 질문이 일이 힘든가에 대한 내용이므로 A는 정답이 될 수 없습니다.

27. ───── 핵심 단어 西瓜

남자가 '这个西瓜(이 수박)'라고 했고, '铅笔(연필)'와 '苹果(사과)'는 녹음에서 언급되지 않았기 때문에 정답은 A입니다.

28. ───── 핵심 단어 在, 电视, 旁边

방향을 나타내는 단어에 집중에서 녹음을 들어야 합니다. 남자가 '你看见我的手机了吗?(제 핸드폰을 봤나요?)'라고 묻자, 여자가 '在电视旁边。(TV 옆에 있어요.)'이라고 답했습니다. B와 일치합니다.

29. ───── 핵심 단어 身体, 不好

남자가 '我这两天身体不好。(나 요즘 몸이 안 좋아.)'라고 말하고, 덧붙여 '想休息一下(좀 쉬고 싶어)'라고 했습니다. 두 사람의 대화에서 선택지 A~C의 내용을 모두 언급하고 있지만, 질문은 남자의 상태를 물어봤으므로 정답은 B입니다.

30. ───── 핵심 단어 喜欢, 黑色

어떤 손목시계가 마음에 드냐는 남자의 질문에 여자가 '左边黑色的那个。(왼쪽 검은색의 그것.)'라며 색깔을 직접적으로 언급했습니다. 따라서 정답은 A입니다.

31. ───── 핵심 단어 踢, 足球, 和, 同学

대화에서 선택지 A~C의 내용을 다 언급하고 있지만, 문제의 질문은 '和谁一起踢足球?(누구와 같이 축구를 합니까?)'이므로 정답은 A입니다.

32. ───── 핵심 단어 忙, 累, 休息

남자가 첫마디에 '你怎么了?(너 왜 그래?)'라며 여자의 상태를 물었습니다. 여자가 '这几天很忙，有点儿累。(요즘 바빠서 좀 피곤해.)'라고 말했으므로 정답은 B '非常忙'입니다.

33. ───── 핵심 단어 衣服, 还有, 颜色

질문이 '男的最可能做什么?(남자는 무엇을 하고 있을까요?)'입니다. 남자가 '这个衣服还有别的颜色吗?(이 옷 다른 색깔이 있나요?)'라고 물어보는 것으로 보아 옷을 사고 있습니다. 따라서 정답은 C '买衣服(옷을 사다)'입니다. 반대로 여자가 무엇을 하고 있는 가를 묻는 질문이었다면 답은 '卖衣服(옷을 팔다)'가 됩니다.

34. ──────── 핵심 단어 天气, 下, 大雪

남자가 첫마디에 '外面天气怎么样?(밖에 날씨가 어때요?)'이라고 질문했고, 여자가 '下大雪了。(눈이 많이 내려요.)'라고 답하고 있으므로, 정답은 C '下雪'입니다.

35. ──────── 핵심 단어 送, 手机

선택지를 확인하고 두 사람의 대화에서 언급하는 사물에 집중해서 듣습니다. 질문은 '男的送给女的什么?(남자는 여자에게 무엇을 선물했는가?)'이고, 남자가 '最新的手机(최신 핸드폰)'라고 했으므로, 정답은 B '手机'입니다.

36. ──────── 핵심 단어 公司, 工作

예제를 제외한 다섯 장의 사진을 통해 파악할 수 있는 정보를 재빨리 확인합니다. 눈 덮인 풍경, 식당 내부, 남자가 일하고 있는 모습, 여자가 카메라를 들고 있는 모습, 아이들이 바깥에서 놀고 있는 모습이 보입니다.
이 문장의 핵심 표현은 '正在公司工作呢。(회사에서 일하고 있다.)'입니다. 남자가 회사에서 일하고 있는 사진 C와 일치합니다.

37. ──────── 핵심 단어 天气, 冷

문장 속 핵심 단어는 '冷(춥다)'으로, 제시된 사진 중에 추운 날씨로 보이는 것은 A입니다. 자주 출제되는 날씨, 계절과 관련된 단어를 꼭 알아 두세요.

38. ──────── 핵심 단어 孩子们, 一起, 玩儿

'孩子们(아이들)', '朋友(친구)', '一起(함께)', '玩儿(놀다)' 등 정답을 확인할 수 있는 핵심 단어가 여러 개 있습니다. 아이들이 친구와 함께 뛰어 놀고 있는 사진 F가 정답입니다.

39. ──────── 핵심 단어 笑, 一二三

'近一点儿(좀 더 가까이)', '笑一笑(웃어요)', '一二三(하나, 둘, 셋)'이라는 표현으로 보아 사진을 찍고 있는 상황임을 알 수 있습니다. 이와 관련 있는 사진은 E입니다.

40. ──────── 핵심 단어 新开, 饭馆儿

'学校旁边新开了一个饭馆儿。'은 '학교 옆에 새로운 식당이 개업했다.'라는 뜻으로, 식당으로 보이는 사진을 찾으면 됩니다. 정답은 B입니다.

41. ──────── 핵심 단어 你, 没

선택지에 제시된 단어들을 빨리 확인하며 뜻을 떠올립니다. A

는 '사과', B는 '어떻게', C는 '중국어', D는, '덥다', E는 '비싸다', F는 '친구'입니다.
빈칸 앞뒤의 단어 '你'와 '没' 사이에 올 수 있는 단어를 찾아보세요. A, C, D는 의미상 안 됩니다. 의문문이므로, 의문대사 '怎么(어떻게, 왜)'가 오는 것이 가장 어울립니다. 정답은 B입니다.

42. ──────── 핵심 단어 吃, 一个

빈칸 앞의 '吃一个'와 함께 쓰기에 적합한 것은 명사이면서 음식과 관련된 단어는 A '苹果(사과)'입니다

43. ──────── 핵심 단어 和, 一起

문장에서 빈칸 앞뒤의 단어를 먼저 확인합니다. '我和……一起(나는 ~와 함께)'에서 빈칸에 들어갈 수 단어는 F '朋友(친구)'입니다.

44. ──────── 핵심 단어 太, 了

'太……了'는 '매우 ~하다'라는 뜻으로, 중간에 형용사가 와야 하므로 '热(덥다)'와 '贵(비싸다)' 중에 정답이 있습니다. '有水吗?(물이 있나요?)'라는 뒤 문장을 통해 밖의 날씨가 더운 것을 알 수 있습니다. 정답은 D '热'입니다.

45. ──────── 핵심 단어 课, 开始

빈칸 뒤의 '课(수업)'와 '几点开始?(몇 시에 시작합니까?)?'라는 내용에 가장 잘 어울리는 단어는 C '汉语(중국어)'입니다.

46. ──────── 핵심 단어 喜欢, 足球, 篮球, 游泳

지문에서 그녀의 남자 친구가 축구, 농구, 수영을 좋아한다(很喜欢踢足球，也喜欢打篮球，游泳)고 했으므로, 제시문의 내용처럼 그녀의 남자 친구는 운동을 좋아한다고 말할 수 있습니다. 정답은 √입니다.

47. ──────── 핵심 단어 桌子, 椅子

제시문에 '不想买(사고 싶지 않다)'라는 표현이 나왔고, 지문 끝에도 '不想买'가 나왔기 때문에 지문의 앞 내용은 보지도 않고 √로 표시하면 틀리게 됩니다. 제시문의 주어는 '椅子(의자)'이고, 지문의 주어는 '桌子(탁자)'로 서로 다릅니다. 이처럼 제시문과 지문에 같은 단어가 나온다고 해서 섣불리 정답을 판단하지 마세요.

48. ──────── 핵심 단어 漂亮, 不好看

제시문의 '好看(예쁘다)'은 지문의 '漂亮(예쁘다)'과 같은 의미의 단어입니다. 하지만 제시문에서는 '好看' 앞에 부정을 나타

내는 '不'를 붙였기 때문에 다른 의미가 되어, 지문과 일치하지 않습니다.

49. —————— 핵심 단어 药店, 医院

제시문의 주어는 '我姐姐(우리 누나)'입니다. 누나가 어제 병원을 갔는지 지문의 내용에서 찾을 수 없으므로, 제시문은 틀렸습니다. 지문에서 약국에 간(去药店) 사람은 '我(나)'입니다.

50. —————— 핵심 단어 不休息, 上班

지문의 '星期六也不休息吧?(토요일에도 안 쉬죠?)'라는 문장에서 '吧'는 확신에 찬 추측을 나타냅니다. 그래서 제시문의 '星期六也上班。(토요일에도 출근합니다)'과 내용이 일치한다고 볼 수 있습니다. 정답은 √입니다.

51. —————— 핵심 단어 不好意思, 没有, 时间

제시문에서 시간이 없다(我没有时间)며 미안함을 표시(不好意思)한 것으로 보아, 앞에 어떤 일을 제안하거나 권유하는 문장이 나오면 어울립니다. F에서 '你去不去?(너 갈래?)'라고 질문했기 때문에 자연스러운 대화가 됩니다.

52. —————— 핵심 단어 是, 我的

제시문에서 '左边大的是我的。(왼쪽 큰 것이 내 것이야.)'라고 했으므로, 앞에는 어느 책이 네 것이냐(哪本是你的?)고 묻는 문장이 와야 합니다. 정답은 C입니다.

53. —————— 핵심 단어 跑步

제시문에서 '我不喜欢跑步。(나는 달리기를 좋아하지 않는다.)'라는 문장이 나왔으므로, 앞에 달리기에 대한 의견을 묻는 질문이 오면 자연스럽습니다. 선택지 중 '跑步(달리기)'가 포함된 A가 정답입니다.

54. —————— 핵심 단어 车, 开

제시문에서 '不想开(운전하고 싶지 않다)'라는 표현이 나옵니다. '开'는 '열다, 켜다'라는 뜻이지만 '车'와 함께 쓰면 '운전하다'라는 뜻이 됩니다. 따라서 '开车'가 포함된 문장 B가 가장 어울립니다.

55. —————— 핵심 단어 岁

제시문에서 '二十八岁(28세)'라는 나이를 나타내는 표현이 나옵니다. 앞에 나이를 묻거나 나이 관련 표현이 나오면 자연스럽게 연결됩니다. 선택지 중 '岁(세, 살)'가 포함된 D가 정답입니다.

56. —————— 핵심 단어 黑色, 好看

제시문에서 내 생각에는(我觉得) 검은색이 예쁘다(黑色的好看)라며 자신의 생각을 표현하고 있기 때문에, 앞에는 의문사 '怎么样(어때?)'이 포함된 질문이 나오는 것이 어울립니다. 정답은 D입니다.

57. —————— 핵심 단어 报纸, 没, 来

'今天的报纸还没来。'는 '오늘 신문이 아직 안 왔어요.'라는 뜻입니다. 앞에는 신문의 향방에 대해 묻는 질문이 오는 것이 자연스럽습니다. 제시문의 '今天的报纸(오늘 신문)'가 선택지 E에 그대로 등장했습니다. 정답은 E입니다.

58. —————— 핵심 단어 最, 爱, 面条儿

제시문에서 국수를 제일 좋아한다(我最爱面条儿。)며 감사의 표현을 했습니다. '做了面条儿(국수를 만들었다)'이라는 의미의 문장과 자연스럽게 연결됩니다. 정답은 C입니다.

59. —————— 핵심 단어 住, 号

제시문에서 '住在302号。(302호에 살아요.)'라고 대답했으므로, 앞에는 어디에 사냐고 묻는 질문이 오는 것이 자연스럽습니다. 의문사 '哪个'를 사용한 의문문 '你住哪个房间?(당신은 몇 호에 살아요?)'이 정답입니다. 정답은 B입니다.

60. —————— 핵심 단어 好的

동의를 표현하는 '好的(좋아)' 앞에는 제안을 하는 문장이 오는 것이 자연스럽습니다. 잠시 쉬자(休息一下吧)고 제안하는 표현이 포함된 A가 정답입니다.

모의고사 2회 141-153쪽

1. ✓	2. ✗	3. ✗	4. ✗	5. ✓
6. ✓	7. ✗	8. ✗	9. ✓	10. ✓
11. C	12. B	13. F	14. A	15. E
16. D	17. B	18. E	19. C	20. A
21. A	22. C	23. B	24. C	25. A
26. A	27. C	28. B	29. B	30. A
31. A	32. C	33. B	34. C	35. A
36. B	37. A	38. F	39. C	40. E
41. D	42. C	43. F	44. B	45. A
46. ✗	47. ✗	48. ✓	49. ✗	50. ✓
51. A	52. D	53. F	54. B	55. C
56. B	57. E	58. A	59. D	60. C

녹음 대본 18-01

大家好! 欢迎参加HSK二级考试。大家好! 欢迎参加HSK二级考试。大家好! 欢迎参加HSK二级考试。HSK二级听力考试分四部分，共35题。请大家注意，听力考试现在开始。

第一部分，一共10个题，每题听两次。例如：我们家有三个人。我们家有三个人。我每天坐公共汽车去上班。我每天坐公共汽车去上班。现在开始第1题。

1. 我丈夫今天准备了很多好吃的。

2. 这件衣服很不错，颜色也好看。

3. 米饭和面条儿，你喜欢吃哪个？

4. 从下个星期一开始学游泳。

5. 两个杯子都是我的。

6. 她是今天新来的老师。

7. 他正在给他的学生打电话呢。

8. 妈妈昨天买的衣服都洗好了。

9. 你别告诉明明这个事情。

10. 今天的考试题太多了，我没做完。

第二部分，一共10个题，每题听两次。例如：你喜欢什么运动？我最喜欢踢足球。你喜欢什么运动？我最喜欢踢足球。现在开始第11到15题。

11. 男：你有什么爱好？
女：我最喜欢唱歌，我给你唱一个。

12. 男：妈妈，我的小狗去哪儿？
女：它在椅子下面呢。

13. 女：这些杯子，哪个是你的？
男：左边那个红色的是我的，右边白色的是我同学的。

14. 男：这本书是谁写的？
女：这本书是我女儿写的。

15. 男：你今天为什么不去跑步？
女：我今天有点儿累。

现在开始第16到20题。

16. 女：坐飞机一个小时能到北京吗？
男：不能，要两个半小时。

17. 男：今天天气怎么样？
女：今天阴天，明天可能会下雨。

18. 男：服务员，再来一杯牛奶。
女：好的，等一下。

19. 男：我看过这个电影，他们就是……
女：别说，我要看。

20. 男：右边看报纸的女孩子是谁？
女：她是我的好朋友。

第三部分，一共10个题，每题听两次。例如：小王，这里有几个杯子，哪个是你的？左边那个红色的是我的。(问)小王的杯子是什么颜色的？小王，这里有几个杯子，哪个是你的？左边那个红色的是我的。(问)小王的杯子是什么颜色的？现在开始第21题。

21. 女：你去过北京吗？
男：我去年去过一次。
问：男的去过几次北京？

22. 男：你每天早上几点到公司？

　　女：我每天早上九点到公司。

　　问：女的每天早上几点到公司？

23. 男：你们家有几个孩子？

　　女：在我家，我最大，还有两个妹妹。

　　问：女的的家有几个孩子？

24. 女：你什么时候去北京的？

　　男：我去年九月去北京的。

　　问：男的什么时候去北京的？

25. 男：她在哪儿工作？

　　女：她在饭馆儿做服务员。

　　问：她做什么工作？

26. 男：你喜欢什么颜色的衣服？

　　女：我喜欢白色的，不喜欢黑色的。

　　问：女的喜欢什么颜色的衣服？

27. 男：今天我准备了很多菜，好吃吗？

　　女：你做的羊肉真好吃。

　　问：男的做的菜怎么样？

28. 男：你觉得这本书怎么样？

　　女：我觉得很不错，非常有意思。

　　问：女的觉得这本书怎么样？

29. 男：你每天怎么上学？

　　女：我妈妈每天开车送我。

　　问：女的每天怎么上学？

30. 男：我们坐几路车去火车站？

　　女：我们可以坐101路公共汽车去。

　　问：他们可能坐几路车？

第四部分，一共5个题。每题听两次。例如：请在这儿写您的名字。是这儿吗？不是，是这儿。好，谢谢。(问)男的要写什么？请在这儿写您的名字。是这儿吗？不是，是这儿。好，谢谢。(问)男的要写什么？现在开始第31题。

31. 男：那个穿白色衣服的人是谁？

　　女：她姓高，叫高明。

　　男：你是怎么认识她的？

　　女：她是我女儿的同学。

　　问：穿白色衣服的人是谁？

32. 男：你昨天住在哪个宾馆？

　　女：我住在天天宾馆。

　　男：今天你怎么回宾馆？

　　女：我坐出租车回宾馆。

　　问：女的今天怎么回宾馆？

33. 男：学校旁边新开了一家商店，你去过吗？

　　女：没去过，听说那里的东西很便宜。

　　男：那我们明天下午一起去，好吗？

　　女：好，明天下午两点在学校门口见。

　　问：他们明天在哪儿见？

34. 男：外面天气很好，我们出去运动运动吧。

　　女：今天我身体不太好，你自己去吧。

　　男：怎么了，去医院看看吧？

　　女：吃点儿药就好了。

　　问：女的怎么了？

35. 男：你看看，这件衣服怎么样？

　　女：真好看，我也喜欢。

　　男：这件衣服一百二，真便宜。

　　女：你看错了，这是一千二，不是一百二。

　　问：这件衣服多少钱？

해설

1. ────────────　핵심 단어　丈夫, 准备, 好吃

남자가 요리를 하고 있는 사진과 녹음의 핵심 단어 '丈夫(남편)', '准备(준비하다)', '很多好吃的(많은 맛있는 것)'가 서로 잘 어울립니다. 정답은 √입니다.

2. ────────────　핵심 단어　衣服, 好看

운동화 사진을 확인했다면, 녹음에서 설명하는 '명사'에 집중해서 들어야 합니다. '衣服(옷)'에 대해 말하고 있기 때문에 사진과 일치하지 않습니다. 정답은 X입니다.

3. ──────────── 핵심 단어 米饭, 面条儿

사진 속 사물은 과일 바구니인데, 녹음에서 이야기하는 것은 '米饭和面条儿(쌀밥과 국수)'입니다. 녹음과 관련이 없으므로 정답은 X입니다.

4. ──────────── 핵심 단어 学, 游泳

사진에 표현된 운동은 축구인 반면, 녹음에 언급된 운동은 '游泳(수영하다)'으로 사진과 일치하지 않습니다. 정답은 X입니다. '踢足球(축구를 하다)'가 사진과 어울리는 표현입니다.

5. ──────────── 핵심 단어 两个, 杯子

컵 두 개가 놓여 있는 사진을 보고 녹음을 듣기 전 '杯子(컵)'를 떠올릴 수 있습니다. 녹음의 '两个'와 '杯子' 모두 사진의 내용과 일치합니다. 정답은 ✓입니다.

6. ──────────── 핵심 단어 新来, 老师

사진을 보고 인물에 대해 묻는 문제임을 예상할 수 있습니다. 핵심 단어는 '老师(선생님)'이고, 학교에서 복도를 걷고 있는 선생님 사진과 일치하므로 정답은 ✓입니다.

7. ──────────── 핵심 단어 正在, 打电话

아빠와 아들로 보이는 두 사람이 TV를 보고 있는 사진입니다. 동작을 나타내는 표현에 주의해서 녹음을 들어야 합니다. 녹음에서 '打电话(전화를 하다)'라고 했으므로 사진과 일치하지 않습니다. '看电视'가 사진과 어울리는 표현입니다. 정답은 X입니다.

8. ──────────── 핵심 단어 衣服

사진 속의 모자를 보고 '帽子'라는 단어를 떠올리며 녹음을 들어야 합니다. 하지만 녹음에서 언급한 사물은 모자가 아니라 '衣服(옷)'이므로 정답은 X입니다.

9. ──────────── 핵심 단어 别, 告诉

사진 속의 두 아이가 귓속말로 이야기를 나누고 있습니다. '别告诉(알리지 마)'라는 녹음의 내용과 일치하므로 정답은 ✓입니다.

10. ──────────── 핵심 단어 考试, 题, 太, 多

책상 위에 시험지가 놓여 있는 사진입니다. 녹음에서 '题太多了(문제가 너무 많다)'를 들었다면 사진의 내용과 일치한다고 판단할 수 있습니다. 정답은 ✓입니다.

11. ──────────── 핵심 단어 爱好, 喜欢, 唱歌

남자가 '你有什么爱好?(취미가 무엇입니까?)'라고 물었고, 여자는 '唱歌(노래를 부르다)'라고 대답했기 때문에 선택지 중 노래를 부르고 있는 사진과 일치합니다. 정답은 C입니다.

12. ──────────── 핵심 단어 小狗, 椅子

강아지가 어디 갔나(小狗去哪儿?)고 묻고 답하는 대화에 적합한 사진은 선택지 중 B뿐입니다.

13. ──────────── 핵심 단어 杯子, 红色, 白色

첫마디에서 '这些杯子(이 컵들)'라고 했기 때문에 여러 개의 컵이 놓여있는 사진인 F가 정답입니다. '杯子'만 듣고 여자가 컵을 들고 있는 사진인 E를 답으로 고르면 안 됩니다.

14. ──────────── 핵심 단어 本, 书

녹음에서 '这本书(이 책)'라고 언급했으므로, 책이 나오는 사진을 찾으면 됩니다. 정답은 A입니다. '书(책)'와 함께 책을 세는 양사 '本(권)'도 알아 두세요.

15. ──────────── 핵심 단어 有点儿, 累

남자는 '为什么不去跑步?(왜 달리기하러 안 갔어요?)'라고 묻고, 여자는 '有点儿累(조금 피곤해요)'라고 답했습니다. 여자가 피곤해 보이는 사진 E가 정답입니다.

16. ──────────── 핵심 단어 坐, 飞机

'坐飞机(비행기를 타다)'가 대화의 핵심 표현입니다. 비행기를 타고 한 시간이면 베이징에 도착하냐는 질문에 '要两个半小时。(두 시간 반이 걸립니다.)'라고 대답하는 것으로 보아 비행기가 있는 공항 사진인 D가 내용에 가장 어울립니다.

17. ──────────── 핵심 단어 天气, 阴天

남자가 날씨를 물어 보고(今天天气怎么样?), 여자가 '今天阴天(오늘은 흐려요)'이라고 대답했기 때문에 하늘이 잔뜩 흐린 사진인 B가 정답입니다.

18. ──────────── 핵심 단어 服务员, 牛奶

남자의 첫마디 '服务员(종업원)'을 통해 정답을 고를 수 있습니다. '再来一杯牛奶。(우유 한 잔 더 주세요.)'라고 주문하는 내용에서 정답이 더욱 확실해집니다. 종업원에게 주문하는 상황을 나타내는 사진은 E입니다.

19. ──────── 핵심 단어 看, 过, 电影

대화의 핵심 단어는 '电影(영화)'입니다. 남자가 '我看过这个电影。(나는 이 영화를 본 적 있어.)'이라고 말했습니다. 남녀가 함께 영화에 대해 이야기 하는 상황과 어울리는 사진은 선택지 중 C뿐입니다.

20. ──────── 핵심 단어 看, 报纸, 女孩子

대화에서 '看报纸(신문을 보다)'와 '女孩子(여자아이)'를 통해 연상할 수 있는 상황은 A입니다.

21. ──────── 핵심 단어 去, 过, 一次

선택지를 통해 횟수를 묻는 질문이 나올 것을 예상하고 수량사에 집중해서 들어야 합니다. 여자가 '你去过北京吗?(베이징에 가 본 적 있나요?)'라고 묻고, 남자가 '去年去过一次。(작년에 한 번 가 봤어요.)'라고 말했기 때문에 A '一次'가 정답입니다.

22. ──────── 핵심 단어 几点, 九点

시간 관련 문제입니다. 남자가 '几点到公司?(몇 시에 회사에 도착합니까?)'라고 묻고, 여자가 '九点到公司。(9점에 회사에 도착합니다.)'라고 했습니다. 대화에서 언급된 시간이 그대로 제시되었으므로 정답은 C입니다.

23. ──────── 핵심 단어 还有, 两个

집에 몇 명의 아이가 있느냐는 질문에 여자가 '我最大，还有两个妹妹。(제가 제일 크고, 또 두 명의 여동생이 있어요.)'라고 말했습니다. 따라서 모두 3명(三个)의 아이가 있습니다. 정답은 B입니다.

24. ──────── 핵심 단어 什么时候, 九月

선택지를 통해 시점을 묻는 질문이 나올 것이라고 예상할 수 있습니다. 언제 베이징으로 갔냐(你什么时候去北京的?)는 여자의 질문에 남자가 '去年九月(작년 9월)'라고 답했으므로, 정답은 C입니다.

25. ──────── 핵심 단어 工作, 服务员

인물의 직업에 대해 묻는 문제입니다. 그녀가 어디에서 일하냐(她在哪儿工作?)는 남자의 질문에 여자가 '她在饭馆儿做服务员。(그녀는 식당에서 종업원으로 일해요.)'이라고 대답했기 때문에 정답은 A입니다.

26. ──────── 핵심 단어 颜色, 白色, 黑色

색깔과 관련된 단어는 2급 시험에서 자주 출제되기 때문에 꼭 외워 두어야 합니다. 무슨 색깔의 옷을 좋아하냐는 남자의 질

문에 여자가 '喜欢白色的。不喜欢黑色的。(흰색을 좋아합니다. 검은색은 좋아하지 않습니다.)'라고 말했으므로, 여자가 좋아하는 색은 A의 '白色'가 정답입니다. A와 C가 모두 대화에서 언급되어서 헷갈린다면 두 번째 녹음까지 듣고 정확한 답을 고르면 됩니다.

27. ──────── 핵심 단어 羊肉, 好吃

두 사람의 대화에서 선택지 A~C가 모두 언급되었으므로, 마지막 질문을 집중해서 들어야 합니다. 남자의 요리가 어떠한가를 묻고 있으므로, 여자의 말 '真好吃(정말 맛있다)'와 같은 표현인 C '好吃'가 정답입니다.

28. ──────── 핵심 단어 觉得, 怎么样, 不错

'你觉得……怎么样?(당신은 ～에 대해서 어떻게 생각해요?)'은 상대방의 생각·느낌을 묻는 표현입니다. 남자가 '你觉得这本书怎么样?(이 책 어때요?)'이라고 묻고, 여자가 '很不错(아주 좋아요)', '非常有意思(매우 재미있어요)'라고 그 책에 대한 느낌을 말했습니다. 정답은 B '不错'입니다.

29. ──────── 핵심 단어 开车, 送

어떻게 등교하냐는 남자의 질문에 여자는 '妈妈每天开车送我。(엄마가 매일 차를 운전해서 데려다 주세요.)'라고 말했습니다. 대화에서 언급된 '妈妈开车送我'가 선택지에서는 '妈妈开车送她'라고 표현되었습니다. 정답은 B입니다.

30. ──────── 핵심 단어 几路, 车, 101

녹음을 듣기 전 선택지 A~C를 확인하고, 버스 번호를 묻는 질문임을 예상할 수 있습니다. '坐101路(101번을 타다)'가 이 대화의 핵심 표현입니다. 정답은 A입니다. 버스 노선을 읽을 때 숫자 1을 'yāo'로 발음한다는 것을 꼭 알아 두세요.

31. ──────── 핵심 단어 谁, 女儿, 同学

'是谁?(누구예요?)'가 대화의 핵심 표현입니다. 녹음에서 남자가 '那个穿白色衣服的人是谁?(저기 흰색 옷을 입은 사람은 누구예요?)'라고 질문했고, 여자의 두 번째 대답에서 '我女儿的同学(딸의 동급생)'라고 말했으므로 정답은 A입니다.

32. ──────── 핵심 단어 怎么, 回, 出租车

3개의 선택지 모두 이동 수단에 대한 내용입니다. 대화에서 남자가 여자에게 '怎么回宾馆?(어떻게 호텔로 돌아갑니까?)'이라고 물었고, 여자는 '坐出租车回宾馆。(택시를 타고 호텔로 돌아갑니다.)'이라고 말했으므로, 정답은 C '坐出租车(택시를 타다)'입니다.

33. ──────────────── 핵심 단어 学校, 门口, 见

여자의 말 중 '在学校门口见(학교 입구에서 만나자)'이 핵심 표현입니다. 두 사람의 대화로 미루어 보아 그들은 내일 오후에 학교 입구에서 만날 것입니다. 정답은 B입니다.

34. ──────────────── 핵심 단어 身体, 不好

남자의 말과 여자의 말을 잘 구분해서 들어야 오답을 피할 수 있습니다. 여자는 몸이 별로 좋지 않다(身体不太好)고 말했고, 운동을 가자(出去运动运动吧), 병원에 가 보았냐(去医院看看吧?)고 말한 것은 모두 남자입니다. 질문은 여자의 상태에 대해 묻고 있으므로, 정답은 C '身体不好(몸이 안 좋다)'입니다.

35. ──────────────── 핵심 단어 一百二, 一千二

대화 중에 언급되는 시간, 거리, 금액 등의 수치는 절대로 놓치지 마세요. 옷 가격에 대해서 남자가 '这件衣服一百二。(이 옷은 120위안이야.)'이라고 말하자, 여자가 '你看错了，这是一千二。(네가 잘못 봤어. 이것은 1200위안이야.)'이라고 가격을 정정했습니다. 정답은 A입니다.

36. ──────────────── 핵심 단어 看, 电影

예제를 제외한 다섯 장의 사진을 통해 파악할 수 있는 정보를 재빨리 확인합니다. 손목시계, 태블릿PC를 보고 있는 여자아이, 병이 난 남자아이, 가방을 맨 남자의 뒷모습, 춤을 추고 있는 아이들의 모습이 보입니다.
문장에서 '看中国电影(중국 영화를 보다)'이라고 했는데, 무언가를 보고 있는 사진은 B밖에 없습니다. 사진만으로 영화를 보는 건지 확신할 수 없다면, 남은 4문제를 먼저 풀고 남은 사진이 B가 맞는지 최종 확인하면 됩니다.

37. ──────────────── 핵심 단어 手表, 桌子

문장 속 핵심 단어는 '手表(손목시계)'로, 탁자 위에 손목시계가 놓여 있는 사진 A가 정답입니다.

38. ──────────────── 핵심 단어 朋友, 一起, 跳舞

문장 속 핵심 단어 '跳舞(춤을 추다)'를 모르면 풀기 어려운 문제입니다. 하지만 '我和朋友(나와 친구)', '一起(함께)'라는 표현을 통해 여러 명이 함께 있는 사진 F를 정답으로 고를 수 있습니다.

39. ──────────────── 핵심 단어 儿子, 生病

핵심 표현 '儿子生病了(아들이 병이 났다)'를 통해 아이가 아파서 누워 있는 사진 C가 정답임을 알 수 있습니다.

40. ──────────────── 핵심 단어 哥哥, 走着, 回家

'走着回家'는 '걸어서 집으로 돌아가다'는 뜻입니다. 문장 속 핵심 단어 '哥哥(형, 오빠)', '走(걷다)' '回家(집으로 돌아가다)'와 어울리는 사진은 E뿐입니다.

41. ──────────────── 핵심 단어 和, 朋友们

선택지에 제시된 단어들을 빨리 확인하며 뜻을 떠올립니다. A는 '커피', B는 '그러나', C는 '1000', D는 '농구를 하다', E는 '비싸다', F는 '정말'입니다.
문장 앞부분에 '不想学习(공부를 하고 싶지 않다)'라는 내용이 있고, 뒤에는 '和朋友们去……(친구들과 ~하러 가다)'라는 표현이 나옵니다. 선택지의 단어 중에 친구와 함께 할 수 있는 '打篮球(농구를 하다)'가 가장 어울립니다. 정답은 D입니다.

42. ──────────────── 핵심 단어 五, 块钱

문장 앞부분에서 '手机很贵(휴대폰이 비싸다)'라고 했습니다. 빈칸 앞의 단어는 숫자 '五'이고, 빈칸 뒤에는 화폐 단위 '块钱'이 있습니다. 따라서 정답은 C '千'입니다.

43. ──────────────── 핵심 단어 喜欢

동사 '喜欢(좋아하다)' 앞에는 정도를 나타내는 단어가 오는 것이 어울립니다. 따라서 정답은 F '非常(매우)'입니다.

44. ──────────────── 핵심 단어 不错, 长

앞 문장에서 '这件衣服颜色不错。(이 옷은 색깔이 괜찮다.)'라고 긍정적인 내용을 말했는데, 뒤 문장에서 역접의 의미를 나타내는 '就是'가 나왔습니다. '就是'는 '就+是'의 형식으로 쓰여 '다만', '그러나'라는 의미를 나타냅니다. 선택지의 단어 중 '有点儿'은 '有点儿+형용사'의 형식으로 쓰여, 부정적인 뉘앙스의 '조금 ~하다', '약간 ~하다'라는 뜻을 나타냅니다. 빈칸에 '有点儿'이 오면 '옷 색깔이 괜찮기는 한데, 다만 조금 길다'라는 의미의 자연스러운 문장이 됩니다. 정답은 B입니다.

45. ──────────────── 핵심 단어 喝, 几杯

문장에서 빈칸 앞에 동사 '喝'와 양사 '杯'가 있습니다. 마실 수 있고, 몇 잔인지 셀 수 있는 단어는 명사 A '咖啡(커피)'뿐입니다.

46. ──────────────── 핵심 단어 对, 不好

제시문의 '让人很高兴'은 '사람을 기쁘게 한다'라는 뜻입니다. 하지만 지문에서는 눈에 좋지 않다(对眼睛不好)는 나쁜 점만 이야기하고 있기 때문에 내용이 서로 일치하지 않습니다.

47. ──────── 핵심 단어 出租车, 公共汽车

제시문의 '去公司(회사에 가다)'와 지문의 '上班(출근하다)'은 같은 의미로 이해할 수 있습니다. 하지만 '坐(타다)' 뒤에 나오는 교통수단이 제시문은 '公共汽车(버스)'이고 지문은 '出租车(택시)'로 서로 다르기 때문에 제시문은 틀렸습니다.

48. ──────── 핵심 단어 比, 快, 慢

'比(~보다)'는 정도의 차이를 비교할 때 쓰입니다. 제시문의 '坐火车比坐飞机慢。(기차를 타는 것은 비행기를 타는 것보다 느리다.)'과 지문의 '坐飞机比坐火车快。(비행기를 타는 것이 기차를 타는 것보다 빠르다.)'는 둘 다 비행기가 더 빠르다는 의미를 나타냅니다. 정답은 √입니다.

49. ──────── 핵심 단어 快要, 开始

'已经(이미, 벌써)'과 '快要(곧 ~하다)' 두 단어의 의미를 구분할 수 있어야 합니다. 제시문의 '电影已经开始了。'는 '영화가 이미 시작했다.'는 뜻이고, 지문의 '电影快要开始了。'는 '영화가 곧 시작한다.'는 뜻이기 때문에 제시문은 틀렸습니다.

50. ──────── 핵심 단어 唱, 好, 不错

정도를 표현하는 '得'가 쓰인 문장입니다. 제시문의 '唱得不错'와 지문의 '唱得很好'는 둘 다 '노래를 잘 부른다'는 뜻으로 내용이 일치합니다. 정답은 √입니다.

51. ──────── 핵심 단어 看, 电影

제시문의 '昨天看了这个电影。(어제 이 영화를 봤다.)'과 관련 있는 선택지는 '看过(본 적 있다)', '电影(영화)' 같은 단어가 포함된 문장인 A입니다.

52. ──────── 핵심 단어 怎么, 走

'길을 묻는' 문장은 '길을 가르쳐 주는' 문장과 연결되어 대화를 완성합니다. 제시문에서 '怎么走?(어떻게 가나요?)'라며 길을 묻고 있고, 선택지에서 길을 가르쳐 주는 문장은 D '前面那个白色的就是(앞쪽의 그 흰색 건물이다)'뿐입니다.

53. ──────── 핵심 단어 出去, 玩, 吧

제시문에서 '出去玩吧!(나가서 놀자!)'라고 제안했으므로, 같이 놀러 가거나 가지 못하면 그 이유를 말하는 문장과 연결되어야 합니다. 내일 중국어 시험이 있어서(明天有汉语考试) 준비해야 한다(我要准备一下)고 가지 못하는 이유를 말하는 F가 정답입니다.

54. ──────── 핵심 단어 去, 旅游

제시문에서 '明天我去北京旅游。(내일 나는 베이징 여행을 갑니다.)'라고 했고, 뒤에는 여행을 잘 다녀오라고 하거나 B처럼 내일 날씨가 좋기를 바라는 표현이 오는 것이 자연스럽습니다.

55. ──────── 핵심 단어 吃, 什么

'吃什么?(무엇을 먹습니까?)'와 같이 먹는 것과 관련된 질문 뒤에는 음식을 말하는 내용이 이어져야 자연스러운 대화가 됩니다. '鸡蛋(계란)'과 '牛奶(우유)' 같은 단어를 포함하는 C가 정답입니다.

56. ──────── 핵심 단어 怎么, 认识

제시문에서 서로 어떻게 알게 되었는지(你们怎么认识的?)를 묻고 있으므로, 여행 갔을 때 알게 되었다(去旅游的时候认识的)고 설명하는 내용이 이어지는 것이 어울립니다. B에 핵심 표현 '认识的'가 그대로 쓰였습니다.

57. ──────── 핵심 단어 咖啡, 好喝

제시문의 핵심 단어는 '真好喝(정말 맛있다)'입니다. 커피가 맛있다며 상대방에게 권하는 내용 뒤에는 맛에 대한 표현이 나오는 것이 자연스럽습니다. 똑같이 '真好喝'를 사용해 맛에 대해 응대하는 E가 정답입니다.

58. ──────── 핵심 단어 太, 快

말이 너무 빠르다(说得太快了)는 문장과 관련 있는 선택지는 '천천히 말해 주세요'라는 내용의 A입니다. 속도를 나타내는 '快(빠르다)'와 '慢(느리다)'의 활용법을 알아 두세요.

59. ──────── 핵심 단어 离, 远

거리를 묻는 질문에는 거리를 말해 주는 문장이 나와야 대화가 완성됩니다. 제시문에서 '离这儿远吗?(여기에서 먼가요?)'라고 물었고, '不远(멀지 않다)'이라고 말하는 D와 연결되는 것이 자연스럽습니다.

60. ──────── 핵심 단어 苹果, 要

제시문을 C와 연결해 과일 가게 주인과 손님의 대화를 완성할 수 있습니다. 주인이 사과(苹果)가 맛있다면서 사겠는지(你要不要?) 물었고, 손님이 '要一斤(한 근 주세요)'이라며 사겠다는 의사를 밝혀 대화가 자연스럽게 연결되었습니다.

⭐ 누구인지 궁금해요~ ◀ 19-01 ▶

Nǐ hǎo, wǒ jiào Qiánmíng.
1 你 好, 我 叫 钱明。 안녕하세요. 제 이름은 첸밍입니다.

Wǒ bú shì Zhōngguórén.
2 我 不 是 中国人。 나는 중국인이 아닙니다.

Tā shì wǒ de dàxué tóngxué.
3 她 是 我 的 大学 同学。 그녀는 나의 대학교 동창입니다.

Qián yīshēng de nǚ'ér jīnnián shíliù suì le.
4 钱 医生 的 女儿 今年 十六 岁 了。
첸 의사 선생님의 딸은 올해 열여섯 살입니다.

Rènshi nǐ hěn gāoxìng.
5 认识 你 很 高兴。 만나서 반갑습니다.

⭐ 일과가 궁금해요~ ◀ 19-02 ▶

Wǒ bā diǎn shíwǔ fēn huíjiā.
1 我 八 点 十五 分 回家。 나는 8시 15분에 집에 돌아갑니다.

Xiè xiǎojiě shàngwǔ qī diǎn sānshí fēn chī zǎofàn.
2 谢 小姐 上午 七 点 三十 分 吃 早饭。
씨에 양은 오전 7시 30분에 아침을 먹습니다.

Hànyǔ lǎoshī jīntiān zhōngwǔ qù yīyuàn.
3 汉语 老师 今天 中午 去 医院。
중국어 선생님은 오늘 정오에 병원에 갑니다.

Wǒmen míngtiān xiàwǔ kāi chē qù Běijīng.
4 我们 明天 下午 开 车 去 北京。
우리는 내일 오후에 차를 운전해서 베이징에 갑니다.

Zhège xīngqītiān wǒ hé wǒ péngyou zài jiā kàn diànshì.
5 这个 星期天 我 和 我 朋友 在 家 看 电视。
이번 주 일요일에 나는 내 친구와 집에서 TV를 봅니다.

가격이 궁금해요~ 〔19-03〕

1
Nǐ xiànzài yǒu duōshao qián?
你 现在 有 多少 钱? 당신은 지금 얼마를 가지고 있습니까?

2
Nà xiē shuǐguǒ duōshao qián?
那 些 水果 多少 钱? 저 과일은 얼마입니까?

3
Zhè běn shū shíwǔ kuài.
这 本 书 十五 块。 이 책은 15위안입니다.

4
Nàge bēizi jiǔshíqī kuài qián.
那个 杯子 九十七 块 钱。 저 컵은 97위안입니다.

5
Zuò chūzūchē lái yīyuàn wǔshí kuài.
坐 出租车 来 医院 五十 块。
택시를 타고 병원에 오는 데 50위안입니다.

위치가 궁금해요~ 〔19-04〕

1
Nǐ de hǎo péngyou zài nǎr gōngzuò?
你 的 好 朋友 在 哪儿 工作? 당신의 친한 친구는 어디에서 일합니까?

2
Shūdiàn zài xuéxiào qiánmiàn.
书店 在 学校 前面。 서점은 학교 앞에 있습니다.

3
Zhuōzi shang yǒu yí jiàn yīfu.
桌子 上 有 一 件 衣服。 책상 위에 옷이 한 벌 있습니다.

4
Wǒ de xiǎomāo zài yǐzi xiàmiàn shuìjiào.
我 的 小猫 在 椅子 下面 睡觉。 내 고양이는 의자 밑에서 잠을 잡니다.

5
Qiánmiàn nàge rén shì shéi?
前面 那个 人 是 谁? 앞에 저 사람은 누구입니까?

좋아해요! 〔19-05〕

Zhè shì xiǎogǒu xǐhuan chī de dōngxi.
1 这 是 小狗 喜欢 吃 的 东西。
이것은 강아지가 좋아하는 음식입니다.

Tā hěn xǐhuan nà xiē xuésheng.
2 她 很 喜欢 那 些 学生。 그녀는 그 학생들을 매우 좋아합니다.

Wǒ hé wǒ xiānsheng dōu ài xiě Hànzì.
3 我 和 我 先生 都 爱 写 汉字。
나와 내 남편은 한자 쓰는 것을 좋아합니다.

Xiǎo Míng xǐhuan shàngwǔ hē bēi chá.
4 小明 喜欢 上午 喝 杯 茶。
샤오밍은 오전에 차 마시는 것을 좋아합니다.

Wǒ érzi xǐhuan qù qiánmiàn nà jiā fàndiàn chī wǎnfàn.
5 我 儿子 喜欢 去 前面 那 家 饭店 吃 晚饭。
내 아들은 앞쪽 저 식당에서 저녁 먹는 것을 좋아합니다.

싫어해요! 〔19-06〕

Tāmen dōu bù xǐhuan zuò Zhōngguó cài.
1 他们 都 不 喜欢 做 中国菜。 그들은 중국 음식 만드는 것을 싫어합니다.

Zhèr tài lěng le tā bù xǐhuan zhù zài zhèr.
2 这儿 太 冷 了，他 不 喜欢 住 在 这儿。
이곳은 너무 추워서 그는 여기 사는 것을 싫어합니다.

Wǒ bú tài xǐhuan xià yǔ tiān.
3 我 不 太 喜欢 下 雨 天。 나는 비 오는 날을 별로 좋아하지 않습니다.

Bàba bù xǐhuan chī píngguǒ.
4 爸爸 不 喜欢 吃 苹果。 아빠는 사과 먹는 것을 좋아하지 않습니다.

Xiǎo Yuè bù xǐhuan tā de gōngzuò
5 小月 不 喜欢 她 的 工作。 샤오웨는 그녀의 일을 좋아하지 않습니다.

● 완벽히 외운 단어에 체크해 봅시다.

■ 1급 爱 ài 동 사랑하다, 좋아하다

■ 1급 八 bā 수 여덟

■ 2급 吧 ba 조 ~하자, ~해라

■ 1급 爸爸 bàba 명 아빠

■ 2급 白 bái 형 희다, 하얗다

■ 2급 百 bǎi 수 100, 백

■ 2급 帮助 bāngzhù 동 돕다 명 도움

■ 2급 报纸 bàozhǐ 명 신문

■ 1급 杯子 bēizi 명 컵

■ 1급 北京 Běijīng 고유 베이징

■ 1급 本 běn 양 권

■ 2급 比 bǐ 개 ~보다, ~에 비하여

■ 2급 别 bié 부 ~하지 마라

■ 2급 宾馆 bīnguǎn 명 호텔

■ 1급 不 bù 부 ~아니다

■ 1급 不客气 bú kèqi 천만에요

■ 1급 菜 cài 명 요리, 음식

■ 1급 茶 chá 명 차

■ 2급 长 cháng 형 길다

■ 2급 唱歌 chànggē 동 노래를 부르다

■ 1급 吃 chī 동 먹다

■ 2급 出 chū 동 (안에서 밖으로) 나가다, 나오다

■ 1급 出租车 chūzūchē 명 택시

■ 2급 穿 chuān 동 (옷을) 입다

■ 2급 次 cì 양 번, 차례

■ 2급 从 cóng 개 ~부터

■ 2급 错 cuò 동 틀리다

■ 1급 打电话 dǎ diànhuà 전화를 하다

■ 2급 打篮球 dǎ lánqiú 농구를 하다

■ 1급 大 dà 형 (나이가) 많다, 크다

■ 2급 大家 dàjiā 대 모두

■ 2급 到 dào 동 도착하다

■ 1급 的 de 조 ~의

■ 2급 得 de 조 정도, 가능을 나타냄

■ 2급 等 děng 동 기다리다

■ 2급 弟弟 dìdi 명 남동생

■ 2급 第一 dì yī 수 첫 번째, 제1

■ 1급 点 diǎn 양 시

■ 1급 电脑 diànnǎo 명 컴퓨터

■ 1급 电视 diànshì 명 텔레비전, TV

■ 1급 电影 diànyǐng 명 영화

■ 2급 懂 dǒng 동 알다, 이해하다

■ 1급 东西 dōngxi 명 물건

■ 1급 都 dōu 부 모두, 다

■ 1급 读 dú 동 읽다, 공부하다

■ 2급 对 duì 개 ~에 대하여

■ 1급 对不起 duìbuqǐ 미안합니다

■ 1급 多 duō 대 얼마나

■ 1급 多少 duōshao 대 얼마나

■ 1급 二 èr 수 2, 둘

■ 1급 儿子 érzi 몡 아들

■ 1급 饭店 fàndiàn 몡 호텔

■ 2급 房间 fángjiān 몡 방

■ 2급 非常 fēicháng 뷔 매우

■ 1급 飞机 fēijī 몡 비행기

■ 1급 分钟 fēnzhōng 양 분

■ 2급 服务员 fúwùyuán 몡 종업원

■ 2급 高 gāo 혱 (키가) 크다, 높다

■ 2급 告诉 gàosu 몽 알리다, 말하다

■ 1급 高兴 gāoxìng 혱 기쁘다

■ 2급 哥哥 gēge 몡 오빠, 형

■ 1급 个 gè, ge 양 개, 명

■ 2급 给 gěi 몽 주다 개 ~에게

■ 2급 公共汽车 gōnggòng qìchē 몡 버스

■ 2급 公司 gōngsī 몡 회사

■ 1급 工作 gōngzuò 몽 일하다

■ 1급 狗 gǒu 몡 개

■ 2급 贵 guì 혱 비싸다

■ 2급 过 guo 조 ~한 적이 있다

■ 2급 还 hái 뷔 아직, 또

■ 2급 孩子 háizi 몡 아이

■ 1급 汉语 Hànyǔ 고유 중국어

■ 1급 好 hǎo 혱 좋다

■ 1급 号 hào 양 일 [날짜를 가리킴]

■ 2급 好吃 hǎochī 혱 맛있다

■ 1급 喝 hē 몽 마시다

■ 2급 黑 hēi 혱 검다, 까맣다

■ 1급 和 hé 개 ~과

■ 1급 很 hěn 뷔 매우, 아주

■ 2급 红 hóng 혱 붉다, 빨갛다

■ 1급 后面 hòumiàn 몡 뒤, 뒤쪽

■ 1급 回 huí 몽 돌아가다, 돌아오다

■ 1급 会 huì 조동 ~할 줄 알다, ~할 수 있다

■ 2급 火车站 huǒchēzhàn 몡 기차역

■ 2급 机场 jīchǎng 몡 공항

■ 2급 鸡蛋 jīdàn 몡 계란

■ 1급 今天 jīntiān 몡 오늘

■ 1급 几 jǐ 대 몇

■ 1급 家 jiā 몡 집

■ 2급 件 jiàn 양 건, 벌 [사건, 의복 등을 세는 단위]

■ 1급 叫 jiào 몽 ~이라고 부르다

■ 2급 教室 jiàoshì 몡 교실

■ 2급 姐姐 jiějie 몡 언니, 누나

■ 2급 介绍 jièshào 몽 소개하다

■ 2급 进 jìn 몽 들어가다, 들어오다

■ 2급 近 jìn 혱 가깝다

■ 1급 九 jiǔ 수 9, 아홉

■ 2급 就 jiù 뷔 바로

■ 2급 觉得 juéde 몽 ~라고 생각하다

■ 2급 咖啡 kāfēi 몡 커피

■ 1급 开 kāi 동 운전하다, 열다	■ 1급 买 mǎi 동 사다
■ 2급 开始 kāishǐ 동 시작하다	■ 2급 卖 mài 동 팔다
■ 1급 看 kàn 동 보다	■ 2급 慢 màn 형 느리다
■ 1급 看见 kànjiàn 동 보다, 보이다	■ 2급 忙 máng 형 바쁘다
■ 2급 考试 kǎoshì 명 시험 동 시험을 치다	■ 1급 猫 māo 명 고양이
■ 2급 课 kè 명 수업	■ 2급 每 měi 대 매, ~마다
■ 2급 可能 kěnéng 부 아마도	■ 1급 没关系 méi guānxi 괜찮습니다
■ 2급 可以 kěyǐ 조동 ~할 수 있다, ~해도 된다	■ 2급 妹妹 mèimei 명 여동생
■ 1급 块 kuài 양 위안 [중국의 화폐 단위]	■ 1급 没有 méiyǒu 동 없다
■ 2급 快 kuài 형 빠르다	■ 2급 门 mén 명 문
■ 2급 快乐 kuàilè 형 즐겁다, 유쾌하다	■ 2급 面条儿 miàntiáor 명 국수
■ 1급 来 lái 동 오다	■ 1급 米饭 mǐfàn 명 쌀밥, 밥
■ 1급 老师 lǎoshī 명 선생님	■ 1급 明天 míngtiān 명 내일
■ 1급 了 le 조 ~했다, ~됐다	■ 1급 名字 míngzi 명 이름
■ 2급 累 lèi 형 피곤하다	■ 1급 哪 nǎ 대 어느, 어떤
■ 1급 冷 lěng 형 춥다	■ 1급 那 nà 대 그, 저
■ 2급 离 lí 개 ~에서	■ 2급 男 nán 명 남자
■ 1급 里 lǐ, li 명 안쪽	■ 1급 哪儿 nǎr 대 어디
■ 2급 两 liǎng 수 2, 둘	■ 1급 呢 ne 조 ~은요?
■ 2급 零 líng 수 0, 영	■ 1급 能 néng 조동 ~할 수 있다
■ 1급 六 liù 수 6, 여섯	■ 1급 你 nǐ 대 너, 당신
■ 2급 路 lù 명 길	■ 1급 年 nián 명 해, 년
■ 2급 旅游 lǚyóu 동 여행하다	■ 2급 您 nín 대 당신 ['你'의 존칭]
■ 1급 吗 ma 조 ~입니까?	■ 2급 牛奶 niúnǎi 명 우유
■ 1급 妈妈 māma 명 엄마	■ 2급 女 nǚ 명 여자

■ 1급 女儿 nǚ'ér 뎽 딸

■ 2급 旁边 pángbiān 뎽 옆

■ 2급 跑步 pǎobù 뎽 달리기 뙹 달리다

■ 1급 朋友 péngyou 뎽 친구

■ 2급 便宜 piányi 뎽 싸다

■ 2급 票 piào 뎽 표, 티켓

■ 1급 漂亮 piàoliang 뎽 예쁘다

■ 1급 苹果 píngguǒ 뎽 사과

■ 1급 七 qī 曾 7, 일곱

■ 2급 妻子 qīzi 뎽 아내

■ 2급 起床 qǐchuáng 뙹 일어나다, 기상하다

■ 2급 千 qiān 曾 1000, 천

■ 1급 钱 qián 뎽 돈, 화폐

■ 2급 铅笔 qiānbǐ 뎽 연필

■ 1급 前面 qiánmiàn 뎽 앞, 앞쪽

■ 2급 晴 qíng 뎽 (날씨가) 맑다

■ 1급 请 qǐng 뙹 청하다, 부탁하다

■ 1급 去 qù 뙹 가다

■ 2급 去年 qùnián 뎽 작년

■ 2급 让 ràng 뙹 ～에게 ～하라고 시키다

■ 1급 热 rè 뎽 덥다

■ 1급 人 rén 뎽 사람

■ 1급 认识 rènshi 뙹 알다

■ 2급 日 rì 뎽 일, 날

■ 1급 三 sān 曾 3, 셋

■ 1급 上 shàng, shang 뎽 위

■ 2급 上班 shàngbān 뙹 출근하다

■ 1급 商店 shāngdiàn 뎽 상점

■ 1급 上午 shàngwǔ 뎽 오전

■ 1급 少 shǎo 뎽 적다

■ 1급 谁 shéi 때 누구

■ 1급 什么 shénme 때 무엇, 무슨

■ 2급 身体 shēntǐ 뎽 몸, 건강

■ 2급 生病 shēngbìng 뙹 병이 나다

■ 2급 生日 shēngrì 뎽 생일

■ 1급 十 shí 曾 10, 열

■ 1급 是 shì 뙹 ～이다

■ 1급 时候 shíhou 뎽 때, 시각

■ 2급 时间 shíjiān 뎽 시간

■ 2급 事情 shìqing 뎽 일, 사건

■ 2급 手表 shǒubiǎo 뎽 손목시계

■ 2급 手机 shǒujī 뎽 핸드폰

■ 1급 书 shū 뎽 책

■ 1급 水 shuǐ 뎽 물

■ 1급 水果 shuǐguǒ 뎽 과일

■ 1급 睡觉 shuìjiào 뙹 잠을 자다

■ 1급 说 shuō 뙹 말하다

■ 2급 说话 shuōhuà 뙹 말하다

■ 1급 四 sì 曾 4, 넷

■ 2급 送 sòng 뙹 보내다, 배웅하다, 선물하다

- 1급 岁 suì 양 살, 세
- 2급 虽然……但是…… suīrán …… dànshì …… 접 비록 ~하지만 ~하다
- 1급 他 tā 대 그
- 1급 她 tā 대 그녀
- 2급 它 tā 대 그(것), 저(것)
- 1급 太 tài 부 너무, 매우
- 2급 题 tí 명 문제
- 2급 踢足球 tī zúqiú 축구를 하다
- 1급 天气 tiānqì 명 날씨
- 2급 跳舞 tiàowǔ 동 춤을 추다
- 1급 听 tīng 동 듣다
- 1급 同学 tóngxué 명 학교 친구, 동급생
- 2급 外 wài 명 밖
- 2급 完 wán 동 끝나다, 끝내다
- 2급 玩 wán 동 놀다
- 2급 晚上 wǎnshang 명 저녁, 밤
- 2급 往 wǎng 개 ~쪽으로
- 1급 喂 wéi 감 여보세요
- 2급 为什么 wèishénme 대 왜, 어째서
- 2급 问 wèn 동 묻다
- 2급 问题 wèntí 명 문제, 질문
- 1급 我 wǒ 대 나
- 1급 我们 wǒmen 대 우리
- 1급 五 wǔ 수 5, 다섯
- 2급 西瓜 xīguā 명 수박

- 2급 希望 xīwàng 동 희망하다
- 2급 洗 xǐ 동 씻다, 빨다
- 1급 喜欢 xǐhuan 동 좋아하다
- 1급 下 xià 명 아래, 밑
- 1급 下午 xiàwǔ 명 오후
- 1급 下雨 xiàyǔ 동 비가 오다
- 1급 先生 xiānsheng 명 선생, 씨
- 1급 现在 xiànzài 명 지금, 현재
- 1급 想 xiǎng 조동 ~하고 싶다
- 1급 小 xiǎo 형 작다
- 2급 笑 xiào 동 웃다
- 1급 小姐 xiǎojiě 명 아가씨
- 2급 小时 xiǎoshí 명 시간
- 1급 些 xiē 양 조금, 약간
- 1급 写 xiě 동 쓰다
- 1급 谢谢 xièxie 고맙습니다
- 2급 新 xīn 형 새롭다
- 1급 星期 xīngqī 명 요일
- 2급 姓 xìng 동 성이 ~이다
- 2급 休息 xiūxi 동 쉬다
- 2급 雪 xuě 명 눈
- 1급 学生 xuéshēng 명 학생
- 1급 学习 xuéxí 동 공부하다
- 1급 学校 xuéxiào 명 학교
- 2급 眼睛 yǎnjing 명 눈

- 2급 颜色 yánsè 명 색, 색깔
- 2급 羊肉 yángròu 명 양고기
- 2급 药 yào 명 약
- 2급 要 yào 조동 ~하려고 하다, ~해야 한다
- 2급 也 yě 부 ~도, 역시
- 1급 一 yī 수 1, 하나
- 1급 一点儿 yìdiǎnr 명 조금, 약간
- 1급 衣服 yīfu 명 옷
- 2급 已经 yǐjīng 부 이미, 벌써
- 2급 一起 yìqǐ 부 같이, 함께
- 1급 医生 yīshēng 명 의사
- 2급 意思 yìsi 명 뜻, 의미
- 2급 一下 yíxià 수량 좀 ~하다, 한번 ~하다
- 1급 医院 yīyuàn 명 병원
- 1급 椅子 yǐzi 명 의자
- 2급 阴 yīn 형 흐리다
- 2급 因为······所以······ yīnwèi ····· suǒyǐ ····· 접 ~하기 때문에 ~하다
- 1급 有 yǒu 동 있다
- 2급 右边 yòubian 명 오른쪽
- 2급 游泳 yóuyǒng 동 수영하다 명 수영
- 2급 鱼 yú 명 물고기, 생선
- 2급 远 yuǎn 형 멀다
- 1급 月 yuè 명 월, 달
- 2급 运动 yùndòng 명 운동
- 1급 在 zài 개 ~에서 동 ~에 있다

- 2급 再 zài 부 다시
- 1급 再见 zàijiàn 동 안녕, 또 만나자
- 2급 早上 zǎoshang 명 아침
- 1급 怎么 zěnme 대 어떻게
- 1급 怎么样 zěnmeyàng 대 어떻다
- 2급 丈夫 zhàngfu 명 남편
- 2급 找 zhǎo 동 찾다
- 1급 这 zhè 대 이, 이것
- 2급 着 zhe 조 ~한 채로 있다, ~하면서 (~하다)
- 2급 真 zhēn 부 정말, 진짜로
- 2급 正在 zhèngzài 부 ~하고 있는 중이다
- 2급 只 zhī 양 마리
- 2급 知道 zhīdào 동 알다
- 1급 中国 Zhōngguó 고유 중국
- 1급 中午 zhōngwǔ 명 점심, 정오
- 1급 住 zhù 동 살다, 거주하다
- 2급 准备 zhǔnbèi 동 준비하다
- 1급 桌子 zhuōzi 명 책상, 탁자
- 1급 字 zì 명 글자
- 2급 走 zǒu 동 걷다, 가다
- 2급 最 zuì 부 가장, 제일
- 1급 坐 zuò 동 (교통수단을) 타다, 앉다
- 1급 做 zuò 동 (활동이나 일을) 하다
- 2급 左边 zuǒbian 명 왼쪽
- 1급 昨天 zuótiān 명 어제

무료 MP3 듣는 방법

다락원 홈페이지에서 내려받기
PC나 모바일 기기에서 인터넷을 켜고 다락원
홈페이지(www.darakwon.co.kr) 자료실로
오세요. MP3 파일을 무료로 이용할 수 있습니다.

QR코드 찍어 바로 연결하기
스마트폰으로 이 QR코드를 찍어 이 책의
자료실로 바로 연결해 보세요. MP3 파일을
무료로 이용할 수 있습니다.

지은이 임신영, 김명훈
펴낸이 정규도
펴낸곳 (주)다락원

초판 1쇄 발행 2022년 4월 29일

기획·편집 이원정, 이상윤
디자인 박나래
조판 최영란
사진 Shutterstock
녹음 朴龙君, 曹红梅, 허강원

다락원 경기도 파주시 문발로 211
전화 (02)736-2031 (내선 250~252 / 내선 430, 439)
팩스 (02)732-2037
출판등록 1977년 9월 16일 제406-2008-000007호

정가 15,000원 (MP3 무료 다운로드)

ISBN 978-89-277-2300-4 64720
      978-89-277-2278-6 (set)

Photo Credits
Maxisport (p.37) | d13 (p.55) | Rob Wilson (p.61) | nixki (p.95)
Radu Bercan (p.111) | Nenad Nedomacki (p.130) | AlivePhoto (p.132)
AYDO8 (p.148)

www.darakwon.co.kr
다락원 홈페이지를 방문하시면 상세한 출판 정보와 함께 동영상 강좌, MP3 자료 등 다양한 어학 정보를 얻으실 수 있습니다.